高职高专"十四五"电子商务专业系列教材

电子商务概论（第3版）

主　编　吴会杰
副主编　李　飞

西安交通大学出版社
XI'AN JIAOTONG UNIVERSITY PRESS

内容提要

本书结合电子商务最新发展动态,以实用性和操作性为原则,根据高等职业教育教学的特点和课程思政的要求编写而成。本书共九章,主要包括认识电子商务、电子商务系统与功能、电子商务技术基础、电子商务安全、电子商务支付、网络营销、电子商务物流、移动商务、电子商务法律法规等内容。每章开始设置了"学习目标"和"导入案例",便于学生了解学习任务并激发学习的兴趣;每章结尾设置了"知识导航""思考与练习""实训任务""即测即评",便于学生回顾所学内容并巩固提高。

本书既可作为高职高专电子商务、物流管理、市场营销等经济管理类专业的教学用书,也可作为广大电子商务从业人员的参考书。

图书在版编目(CIP)数据

电子商务概论/吴会杰主编.—3版.—西安:西安交通大学出版社,2022.6(2024.7重印)
ISBN 978-7-5693-2633-8

Ⅰ.①电… Ⅱ.①吴… Ⅲ.①电子商务-高等职业教育-教材 Ⅳ.①F713.36

中国版本图书馆 CIP 数据核字(2022)第 093499 号

书　　名	电子商务概论(第3版) DIANZI SHANGWU GAILUN (DI 3 BAN)
主　　编	吴会杰
责任编辑	史菲菲
责任校对	王建洪
封面设计	任加盟
出版发行	西安交通大学出版社 (西安市兴庆南路1号　邮政编码 710048)
网　　址	http://www.xjtupress.com
电　　话	(029)82668357　82667874(市场营销中心) (029)82668315(总编办)
传　　真	(029)82668280
印　　刷	西安五星印刷有限公司
开　　本	787mm×1092mm　1/16　印张 10.5　字数 263千字
版次印次	2022年6月第3版　2024年7月第2次印刷(累计第5次印刷)
书　　号	ISBN 978-7-5693-2633-8
定　　价	35.00元

如发现印装质量问题,请与本社市场营销中心联系。

订购热线:(029)82665248　(029)82667874
投稿热线:(029)82665379
读者信箱:xj_rwjg@126.com

版权所有　侵权必究

第3版前言

电子商务是数字经济和实体经济的重要组成部分,是催生数字产业化、拉动产业数字化、推进治理数字化的重要引擎,是提升人民生活品质的重要方式,是推动国民经济和社会发展的重要力量。我国电子商务已深度融入生产生活各领域,在经济社会数字化转型方面发挥了举足轻重的作用。"十三五"时期,我国电子商务实现跨越式发展。为了紧跟电子商务发展的趋势,适应电子商务行业发展的需求,我们对本书进行了修订。本次修订主要融入了课程思政的内容,精选了一些体现中国电子商务发展的案例,更新了一些体现电子商务发展状况的内容。

电子商务概论是高等学校为适应电子商务实践发展而开设的一门课程,它主要研究电子商务理论、模式、方法,回答电子商务发展中一系列理论和实践的问题。它是一门多学科交叉的课程,涉及信息科学、管理科学、经济学、法学等多个学科。它既是电子商务专业最重要的专业基础课,也是其他经济管理类专业的重要必修课程。

本书结合电子商务最新发展动态,以实用性和操作性为原则,根据高等职业教育教学的特点和课程思政的要求编写而成。本书从应用的角度全面系统地介绍了电子商务领域各个方面的基本理论、基本知识和基本技能,内容主要包括认识电子商务、电子商务系统与功能、电子商务技术基础、电子商务安全、电子商务支付、网络营销、电子商务物流、移动商务、电子商务法律法规。每章开始设置了"学习目标"和"导入案例"等栏目,结尾设置了"知识导航""思考与练习""实训任务""即测即评"等栏目。通过这些栏目的设置,突出重点,加深学生对相关理论的理解,培养学生的创新思维能力和实践能力,提高学生的整体素质。

本书由西安职业技术学院吴会杰教授担任主编,西安职业技术学院李飞担任副主编。参加编写的还有西安职业技术学院的李雯、张薇。

本书既可作为高职高专电子商务、物流管理、市场营销等经济管理类专业的教学用书,也可作为广大电子商务从业人员的参考书。

本书在编写过程中,参考和引用了国内外许多专家的大量文献,在此表示深深的感谢。由于时间仓促,编者水平有限,书中难免有不当之处,敬请读者批评指正。

编 者

2022 年 3 月

目录

第 1 章　认识电子商务 /001
    1.1　电子商务的发展 /002
    1.2　电子商务的概念、分类及交易模式 /008

第 2 章　电子商务系统与功能 /018
    2.1　电子商务系统 /019
    2.2　电子商务系统的应用 /027

第 3 章　电子商务技术基础 /031
    3.1　internet 的概念与构成 /036
    3.2　internet 服务 /039
    3.3　TCP/IP 协议 /040
    3.4　域名的申请与管理 /042
    3.5　电子商务网站建设 /046

第 4 章　电子商务安全 /054
    4.1　电子商务安全概述 /055
    4.2　电子商务安全技术 /058
    4.3　电子认证与数字证书 /065

第 5 章　电子商务支付 /068
    5.1　电子商务支付类型 /071
    5.2　电子商务支付系统 /074
    5.3　电子支付工具 /075

第6章 网络营销 /082

    6.1 网络营销与市场营销 /084
    6.2 网络营销理论 /088
    6.3 网络市场 /091
    6.4 网络营销方法 /096
    6.5 网络促销与网络广告 /102

第7章 电子商务物流 /112

    7.1 电子商务与物流的相互关系 /115
    7.2 电子商务的物流模式 /120
    7.3 电子商务物流信息技术 /123

第8章 移动商务 /130

    8.1 移动商务概述 /132
    8.2 移动营销概述 /136
    8.3 移动营销的典型应用 /138

第9章 电子商务法律法规 /143

    9.1 电子商务涉及的法律问题 /145
    9.2 电子商务中的法律保护 /148
    9.3 电子商务的立法概况 /152

参考文献 /161

第1章 认识电子商务

 学习目标

1. 了解电子商务的发展阶段;
2. 理解电子商务的概念;
3. 理解传统商务与电子商务的区别;
4. 理解电子商务的不同分类模式及其基本特点;
5. 掌握典型的电子商务交易模式的基本含义、交易流程及特点。

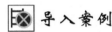 **导入案例**

跨境电商助力中国企业逐步实现品牌出海

2022年3月11日上午,全国两会正式闭幕。跨境电商作为进出口贸易的新业态新模式之一,成为我国带动外贸发展的新力量,也成为两会期间讨论的热点。然而跨境电商的发展并不是一帆风顺的。

此外,随着跨境电商规模的不断扩大,与之带来的变化之一是中国品牌的成功出海。然而,成功出海的中国品牌如何在海外站稳脚跟,保持品牌优势,获得市场和资本对其的青睐?跨境电商的发展又将遇到哪些困境?

2021年跨境电商新增1.09万家

《中国跨境出口电商发展报告(2022)》显示,2021年,我国跨境电商进出口1.98万亿元,同比增长15%。

据企查查数据显示,我国现存跨境电商相关企业3.39万家。近5年来,我国跨境电商相关企业注册量逐年上升。2021年新增1.09万家,同比增长72.20%。

在刚刚结束的两会中,部分全国人大代表和全国政协委员对于跨境电商提出自己的观点和看法。

在规避跨境电商的合规风险方面,全国人大代表车捷提出建议,相关部门应鼓励创新,科学治理,支持跨境电商行业更好发展。一是拓展全球视野,探索数字贸易规则的"中国方案"。二是健全立法,完善跨境电商监管规则。三是目前对跨境电商的监管集中于经营企业,但对于产业链中支付企业的监管较为模糊,应明确支付企业的监管部门、监管职责和监管要求,为跨境电商行业健康发展提供支持。

在关于跨境电商税收方面,全国人大代表徐宇宁建议,进一步完善跨境电商税收等政策,助推外贸高质量发展。"应尽快出台相关退税政策,比如明确'9810'模式业务退税政策流程和操作指引,以打消出口企业顾虑,提高企业积极性。"

2022年2月8日,国务院批复同意了在27个城市和地区设立跨境电子商务综合试验区,完成第 6 次扩容。截至目前，我国共有 132 个跨境电子商务综合试验区。有了政策上的支持，跨境电商生态体系也在逐渐完善，如培育优秀海外仓企业，进一步扩大出口信保覆盖面，颁布跨境支付许可证等。

此外，多所高校申请新增跨境电商专业。教育部公布的《2021 年度普通高等学校本科专业备案和审批结果》显示，跨境电子商务成为高校申请新增的热门专业之一，全国共 29 所高校获准开设跨境电子商务专业。

然而，跨境电商的发展并不是一帆风顺的，面临着诸多行业痛点。据《中国跨境出口电商发展报告（2022）》显示，目前跨境电商存在着物流成本高、广告价格上涨、人民币汇率持续升高、监管趋严加剧合规风险、专业人才缺乏等行业痛点。

中国品牌向海外市场发力

跨境电商的发展所带来的一个变化就是中国品牌的出海。中国品牌也越来越受到国际消费者的喜爱。"中国制造"也越来越得到海外的认可。中国企业正逐步实现从产品出口到品牌出海的跨越，也面临着更激烈的市场竞争和对技术升级的要求。

据 Meltwater 的数据显示，2020 年在境外各大社交媒体上提及中国制造相关关键词的发帖总数达 1.55 万，日均提及量为 44；而 2021 年 1 至 10 月，在境外各大社交媒体上提及中国制造相关关键词的发帖总数达 1.78 万，日均提及量为 59。

而近日前结束的冬奥会，也为中国品牌出海助力添彩让中国品牌走上出海发展的快车道。

作为"世界代工厂"，我国在制造业的优势不言而喻。相对成熟完善的供应链也让"中国制造"获得了海外的认可。而如今，跨境电商让"中国制造"不仅仅局限于产品，还为中国品牌提供了国际化的展示平台。

然而，值得注意的是，成功出海的中国品牌在海外市场也遇到了技术和竞争力的双重难题，在其他本土品牌已经打下的江山上突破重围并不容易。中国企业也面临着产品和技术的双重升级。品牌出海也因此成为自主研发的新动力。

资料来源：谢奕国，朱姝旎.跨境电商助力中国企业逐步实现品牌出海[EB/OL].(2022-03-11)[2022-04-10]. https://m.thepaper.cn/baijiahao_17068763.

1.1 电子商务的发展

1.1.1 电子商务产生和发展的重要条件

电子商务最早产生于 20 世纪 60 年代，大规模发展于 20 世纪 90 年代，其产生和发展的重要条件主要有以下几个方面。

1. 经济全球化的发展

经济全球化是指世界各国的经济在生产、分配、消费各个领域发生的一体化趋势。经济全球化促进了跨国公司的发展，使国际范围内的商务活动变得频繁，而且使国际贸易成为各国经济发展的重要组成部分。

经济全球化促使人们寻找合适的方式来满足这种商务活动，电子商务由此应运而生，并以其独特的优势成为这场革命中的重要力量，在国际商务活动中扮演着越来越重要的角色。

2. 计算机和网络技术的发展、普及和广泛应用

近几十年来，计算机的运行速度越来越快，处理能力越来越强，价格越来越低，应用越来越广泛，这为电子商务的应用提供了基础。

由于国际互联网逐渐成为全球通信与交易的媒体,全球上网用户呈几何级数增长,快捷、安全、低成本的特点为电子商务的发展提供了应用条件。

3. 信用卡和电子金融的普及应用

信用卡以其方便、快捷、安全等优点而成为人们消费支付的重要手段,并由此形成了完善的全球性信用卡计算机网络支付与结算系统,使"一卡在手,走遍全球"成为可能,同时也成为电子商务中网上支付的重要手段。

各大银行也都看到了电子商务的发展前景,纷纷推出了支持在线交易的电子金融服务,在安全技术的保障下,电子银行的发展解决了商务活动中的支付问题,成为促进电子商务发展的强大动力。

4. 电子安全交易协议的制定和安全技术的发展

1997年,由美国VISA和Mastercard等联合制定的安全电子交易协议(Secure Electronic Transfer Protocol,SET协议)出台,该协议得到了大多数厂商的认可和支持,为在网络上进行电子商务活动提供了一个关键的安全环境。

计算机和网络安全技术的发展为电子商务的开展提供了技术和安全保障,这些技术包括HTML、XML、数据库技术、动态网页技术、SSL协议、SET协议、加密技术、防火墙技术和数字签名技术等。

5. 政府的支持与推动

自1997年欧盟发布了欧洲电子商务协议,美国随后发布《全球电子商务纲要》以后,电子商务受到了世界各国政府的重视,许多国家的政府开始尝试"网上采购",这为电子商务的发展提供了有力的支持。同时,各国政府都非常重视电子商务的发展,为电子商务的发展提供良好的生存环境,同时为电子商务制定法律规范和技术标准,这就保障了电子商务的合法进行和长远发展。

▷ 1.1.2 电子商务的发展阶段

全球经济一体化和信息处理技术、现代通信技术的迅速发展,带动了电子商务的快速发展。一般研究认为,电子商务的发展经历了以下几个阶段:从20世纪60年代至90年代的基于EDI的电子商务阶段、20世纪90年代至21世纪初的基于因特网(Internet)的电子商务阶段和21世纪初至今的电子商务理念阶段,如图1-1所示。

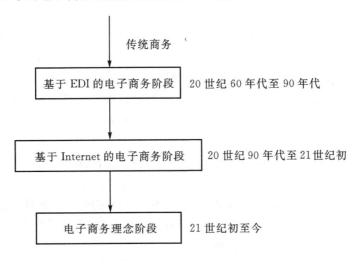

图1-1 电子商务发展阶段

1. 基于 EDI 的电子商务阶段

单纯从技术的角度来看，人们利用电子通信的方式进行贸易活动已有几十年的历史了。早在 20 世纪 60 年代，人们就开始了用电报发送商务文件；到了 20 世纪 70 年代，人们又普遍采用方便、快捷的传真机来替代电报，但是由于传真文件是通过纸面打印来传递和管理信息的，不能将信息直接转入信息系统中，因此人们开始采用电子数据交换(electronic data interchange，EDI)作为企业间电子商务的应用技术，这就是电子商务的雏形。

EDI 在 20 世纪 60 年代末期产生于美国，当时的贸易商们在使用计算机处理各类商务文件时发现，由人工输入一台计算机中的数据 70% 是来源于另一台计算机输出的文件，由于过多的人为因素，影响了数据的准确性和工作效率的提高，于是人们开始尝试在贸易伙伴之间的计算机上进行数据自动交换，这促使 EDI 应运而生。

EDI 是将业务文件按一个公认的标准从一台计算机传输到另一台计算机上的电子传输方法。由于 EDI 大大减少了纸张票据的作用，因此，人们也形象地将它称为"无纸贸易"或"无纸交易"。从普通商场的电子收款机、POS(销售时点系统)、EOS(电子订货系统)和 MIS(管理信息系统)到跨越不同国家、不同企业的 EDI，数据信息的控制处理越来越准确和有效，同时大量事务处理工作也趋向标准化。

从技术上讲，EDI 包括硬件与软件两大部分。硬件主要是计算机网络，软件包括计算机软件和 EDI 标准。

从硬件方面讲，20 世纪 90 年代之前的大多数 EDI 都不通过 Internet，而是通过租用专用网络实现的，这类专用的网络被称为增值网(value added network，VAN)，这样做的目的主要是考虑到安全问题。但随着因特网安全性的日益提高，作为一个费用更低、覆盖面更广、服务更好的系统，已表现出替代 VAN 而成为 EDI 的硬件载体的趋势，因此也有人把通过因特网实现的 EDI 直接称为 Internet EDI。

从软件方面看，EDI 所需要的软件主要是将用户数据库系统中的信息，翻译成 EDI 的标准格式以供传输交换。由于不同行业的企业是根据自己的业务特点来规定数据库的信息格式的，因此，当需要发送 EDI 文件时，从企业专有数据库中提取的信息，必须把它翻译成 EDI 的标准格式才能进行传输，这时就需要相关的 EDI 软件。

2. 基于 Internet 的电子商务阶段

由于使用 VAN 的费用很高，仅大型企业才有可能使用，限制了基于 EDI 的电子商务应用范围的扩大，而促使电子商务快速发展的关键因素是 Internet 的飞速发展。

20 世纪 90 年代中期后，Internet 迅速走向普及化，逐步从大学、科研机构走向企业和普通百姓家庭，其功能也从信息共享演变为一种大众化的信息传播工具。从 1991 年起，一直排斥在 Internet 之外的商业贸易活动正式进入这个王国，从而使电子商务成为 Internet 应用的最大热点。

基于 Internet 的电子商务活动完全摆脱了传统商务活动的时空限制，使商务的运行和发展更加趋于灵活、实时和全球化。

基于 Internet 的电子商务发展非常迅速，它比基于 EDI 的电子商务具有以下几个优势。

(1) 成本低。因为 Internet 是覆盖全球的开放性网络，任何人通过接入 Internet 来进行商务活动的成本比传统的 VAN 成本要低很多。

(2) 覆盖广。Internet 覆盖全球，基于 Internet 的应用可以在全球范围内进行，用户通过接入Internet就可以方便地与贸易伙伴进行商务信息的沟通和传递。

(3)功能全。因为Internet可以提供许多不同的应用,有着相当丰富的资源,基于Internet的电子商务可以支持不同类型的用户实现不同层次的商务目标,如建立商务网站、发布商情信息、进行在线商务洽谈和建立虚拟商城等。

(4)更灵活。基于Internet的电子商务可以灵活地针对不同的用户提供不同的服务,如针对不同年龄的用户提供个性化的服务界面,针对不同国家和地区的用户提供不同的语言显示。

3. 电子商务理念阶段

21世纪初移动通信技术的迅猛发展和普及,使通过手机、PDA(个人数字助理)等移动通信设备与互联网有机结合进行电子商务活动成为可能,电子商务理念及其内涵不断发展深入,移动电子商务作为新型商务模式,已进入高速发展阶段。移动电子商务能提供这样的服务:个人信息管理、银行业务、交易、购物、基于位置的服务(location based service)、娱乐等。当然,与基于有线互联网的传统电子商务一样,移动电子商务也并不是所有业务流程都能实现。

移动设备提供了一种简单的、易于操作的界面,使用户能轻松进入移动互联网。通过移动电子商务,用户可随时随地获取所需的服务、应用、信息和娱乐。他们可以在自己方便的时候,使用智能手机或PDA、笔记本电脑等通信终端查找、选择及购买商品和服务。采购可以即时完成,商业决策也可即时实施。通过个人移动设备来进行可靠的电子交易的能力被视为移动互联网业务的最重要的方面。移动电子商务因其快捷方便、无所不在的特点,已经成为电子商务发展的新方向。

互联网可与19世纪问世的铁路与电话媲美,它对整个世界经济、政治等方面产生了十分广泛和深远的影响,改变着人类的工作和生活方式。在电子商务的情形下,产品和服务能在网上订购甚至快速下载,买卖双方所处的位置已变得无关紧要,世界正以电子商务形式进入"无场所经济"。电子商务将在世界经济中扮演日益重要的角色。

1.1.3 中国电子商务的发展

1. 我国电子商务的发展阶段

自从20世纪90年代电子商务概念引入我国之后,它得到了迅速的发展,显现了巨大的商业价值,在我国政府的指引下,电子商务发展经历了以下几个阶段。

(1)认识电子商务阶段(1990—1992年)。我国于20世纪90年代开始开展EDI的电子商务应用。从1990年开始,国家计委、科委将EDI列入"八五"国家科技攻关项目。1991年9月,由国务院电子信息系统推广应用办公室牵头,会同国家计委、科委、外经贸部等8个部委局,发起成立中国促进EDI应用协调小组。1991年10月,中国EDIFACT委员会成立并加入亚洲EDIFACT理事会。我国政府、商贸企业以及金融界认识到电子商务可以使商务交易过程更加快捷、高效,成本更低,肯定了电子商务是一种全新的商务模式。

(2)广泛关注电子商务阶段(1993—1998年)。在这一阶段,电子商务在全球范围迅猛发展,引起了各界的广泛重视,我国也掀起了电子商务热潮。1993—1997年,政府组织开展了"金桥""金关""金卡"等三金工程。1994年,我国部分企业开始涉足电子商务;1995年,中国互联网开始商业化,各种基于商务网站的电子商务业务和网络公司开始不断涌现;1996年1月,中国公用计算机互联网骨干网ChinaNet建成开通;1997年6月,中国互联网络信息中心(CNNIC)

完成组建,开始行使国家互联网络信息中心职能;1997年,以现代信息网络为依托的中国商品交易中心(CCEC)、中国商品订货系统(CGOS)等电子商务系统也陆续投入运营;1998年3月6日,我国国内第一笔网上电子商务交易成功;1998年10月,国家经贸委与信息产业部联合宣布启动了以电子贸易为主要内容的"金贸工程",这是一项推广网络化应用、开发电子商务在经贸流通领域的大型应用试点工程。因而,1998年甚至被称为中国的"电子商务"年。

(3)电子商务应用发展阶段(1999—2010年)。在这个阶段,国家信息主管部门开始研究制定中国电子商务发展的有关政策法规,启动政府上网工程,成立国家计算机网络与信息安全管理中心,开展多项电子商务示范工程,为实现政府与企业间的电子商务奠定了基础,为电子商务的发展提供了安全保证,在法律法规、标准规范、支付、安全可靠和信息设施等方面总结经验,逐步推广应用。

①1999—2002年初步发展阶段。企业的电子商务蓬勃发展,1999年3月阿里巴巴网站诞生,5月8848网站推出并成为当年国内最具影响力的B2C网站,网上购物进入实际应用阶段。1999年,政府上网、企业上网、电子政务、网上纳税、网上教育、远程诊断等广义电子商务开始启动,并已有试点,且进入实际试用阶段。2000年6月,中国金融认证中心(CFCA)成立,专为金融业务各种认证需求提供认证服务。2001年,我国正式启动了国家"十五"科技攻关计划重大项目"国家信息安全应用示范工程"。然而这个阶段中国的网民数量相对较少,根据2000年年中的统计数据,中国网民仅1000万人,并且网民的网络生活方式还仅仅停留于电子邮件和新闻浏览的阶段。网民未成熟,市场未成熟,因而发展电子商务难度相当大。

②2003—2006年高速增长阶段。2005年,电子商务爆发出迅猛增长的活力。2005年初《国务院办公厅关于加快电子商务发展的若干意见》的发布,为我国电子商务市场的持续快速增长奠定了良好的基础;《中华人民共和国电子签名法》的实施和《电子支付指引(第一号)》的颁布,进一步从法律和政策层面为电子商务的发展保驾护航;第三方支付平台的兴起,带动了网上支付的普及,为电子商务应用提供了保障;B2B市场持续快速发展,中小企业电子商务应用逐渐成为主要动力;B2C市场尽管略显平淡,但互联网用户人数突破一亿大关为B2C业务的平稳增长奠定了坚实的用户基础;C2C市场则由于淘宝网和易趣网的双雄对立,以及腾讯和当当的进入,进一步加剧了市场竞争。

这一阶段,当当、卓越、阿里巴巴、慧聪、淘宝,成了互联网的热点。这些生在网络长在网络的企业,在短短的数年内崛起。这个阶段对电子商务来说最大的变化有三个:大批网民逐步接受了网络购物的生活方式,而且规模还在高速扩张;众多的中小型企业从B2B电子商务中获得了订单,获得了销售机会,"网商"的概念深入商家之心;电子商务基础环境不断成熟,物流、支付、诚信瓶颈得到基本解决,在B2B、B2C、C2C领域里,有不少网络商家迅速成长,积累了大量的电子商务运营管理经验和资金。

③2007—2010年电子商务纵深发展阶段。这个阶段最明显的特征就是,电子商务已经不仅仅是互联网企业的天下。数不清的传统企业和资金流入电子商务领域,使得电子商务世界变得异彩纷呈。B2B领域的阿里巴巴、网盛上市标志着发展步入了规范化、稳步发展的阶段;淘宝的战略调整、百度的试水意味着C2C市场不断的优化和细分;红孩子、京东商城的火爆,不仅引爆了整个B2C领域,更让众多传统商家按捺不住纷纷跟进。中国的电子商务发展达到新的高度。

2010年年初,京东商城获得老虎环球基金领头的总金额超过1.5亿美元的第三轮融资;2010年3月11日,以大约四五百万美元的价格收购了SK电讯旗下的电子商务公司千寻网,目标是打造销售额百亿的大型网购平台。B2C市场上,包括京东商城在内的众多网站,如亚马逊、当当、红孩子都已从垂直向综合转型,而传统家电卖场苏宁的B2C易购也开始销售部分化妆品和家纺等百货商品。大量海外风险投资再次涌入,几乎每个月都有一笔钱投向电子商务。而依靠邮购、互联网和实体店三种销售渠道的麦考林先行一步,成为国内第一家海外上市的B2C企业。2010年,团购网站的迅速风行也成为电子商务行业融资升温的助推器。2010年4月之后涌现出上百家团购网站,其低成本、盈利模式易复制的特点受到投资机构关注。

(4) 电子商务战略推进与规模化发展阶段(2011—2015年)。《中华人民共和国国民经济和社会发展第十二个五年规划纲要(2011—2015年)》提出:积极发展电子商务,完善面向中小企业的电子商务服务,推动面向全社会的信用服务、网上支付、物流配送等支撑体系建设。鼓励和支持连锁经营、物流配送、电子商务等现代流通方式向农村延伸,完善农村服务网点,支持大型超市与农村合作组织对接,改造升级农产品批发市场和农贸市场。

2011年10月,商务部发布的《"十二五"电子商务发展指导意见》(商电发〔2011〕第375号)指出:电子商务是网络化的新型经济活动,已经成为我国战略性新兴产业与现代流通方式的重要组成部分。

2012年,淘宝(天猫)、京东商城、当当、亚马逊、苏宁易购、1号店、腾讯QQ商城等大型网络零售企业均提供了开放平台。开放平台包括了网络店铺技术系统服务、广告营销服务和仓储物流外包服务,开放平台为大型网络零售企业带来了高附加值的服务收入。这表明产业增加值正在向网络营销、技术、现代物流、网络金融、数据等现代服务升级。

2013年中国超越美国,成为全球第一大网络零售市场。2014年4月,聚美优品在纽交所挂牌上市,5月京东集团在美国纳斯达克正式挂牌上市,9月阿里巴巴正式在纽交所挂牌交易。2014年,我国快递业务量接近140亿件,跃居世界第一。2015年5月,国务院印发了《国务院关于大力发展电子商务加快培育经济新动力的意见》(国发〔2015〕24号),将会进一步促进电子商务在中国的创新发展。

(5) 电子商务高质量发展阶段(2016年至今)。网络零售的蓬勃发展促进了宽带、云计算、IT外包、网络第三方支付、网络营销、网店运营、物流快递、咨询服务等生产性服务业的发展,形成了庞大的电子商务生态系统。2018年8月第十三届全国人民代表大会常务委员会第五次会议通过的《中华人民共和国电子商务法》更是对电商行业高质量发展起到了积极作用。

"十三五"期间,我国电子商务交易额保持快速增长,2020年达到37.2万亿元,比2015年增长70.8%;网上零售额达到11.8万亿元,年均增速高达21.7%。网络购物成为居民消费重要渠道,实物商品网上零售额对社会消费品零售总额增长贡献率持续提升,带动相关市场加快发展。快递业务量从2015年的206.7亿件增至2020年的833.6亿件,非银行支付网络支付交易金额从2015年的49.5万亿元增至2020年的294.6万亿元,均稳居全球首位。

随着新一代信息技术的加速发展,电子商务新业态新模式不断涌现,社交电商、直播电商、生鲜电商产业链日趋完善。电子商务加速线上线下融合、产业链上下游融合、国内外市场融合发展。传统零售企业数字化转型加快,全国连锁百强企业线上销售规模占比达到23.3%。服务业数字化进程加快,在线展会、远程办公、电子签约日益普及,在线餐饮、智慧家居、共享出行便利了居民生活。农村电商畅通了工业品下乡、农产品进城渠道,农业数字化加速推进,2020年全国农村网络零售额达1.79万亿元,是2015年的5.1倍。跨境电商蓬勃发展,2020年跨境电商零售进出口总额达1.69万亿元。电子商务以数据为纽带加快与制造业融合创新,推动了智能制造发展。

2. 我国电子商务的发展趋势

(1)电子商务产业不断向高质量发展。从国际看,世界经济数字化转型加速,新一轮科技革命和产业变革深入发展,由电子商务推动的技术迭代升级和融合应用继续深化。从国内看,我国已转向高质量发展阶段。新型基础设施加快建设,信息技术自主创新能力持续提升,为电子商务创新发展提供强大支撑。在这些背景下,我国电子商务产业要立足电子商务连接线上线下、衔接供需两端、对接国内国外市场的重要定位,通过数字技术和数据要素双轮驱动,提升电子商务企业核心竞争力,做大、做强、做优电子商务产业,深化电子商务在各领域融合创新发展,赋能经济社会数字化转型。

(2)移动电子商务等新兴业态的发展将提速。我国电子商务行业积极开展技术创新、商业模式创新、产品和服务内容创新,移动电商、跨境电商、社交电商、直播电商、内容电商、生鲜电商等成为电子商务发展的新兴重要领域,将进入加快发展期。移动电子商务不仅仅是电子商务从有线互联网向移动互联网的延伸,它更大大丰富了电子商务应用,今后将深刻改变消费方式和支付模式,并有效渗透到各行各业,促进相关产业的转型升级。发展移动电子商务将成为提振我国内需和培育新兴业态的重要途径。

(3)在数字化转型中不断创新。在服务需求侧的同时,电子商务也必将在供给侧的产业转型升级尤其是数字化转型中,发挥关键的引领和促进作用,有助于释放从消费互联网转向产业互联网过程中蕴含的巨大市场服务空间。另外,电子商务的市场空间还来源于自身的创新,电商产业通过寻找新流量来源(如新零售、直播短视频电商、游戏电商)、寻找新市场(如农村及低线城市、国际市场)、寻找新供给(如通过用户直连制造、数字技术赋能传统产业催生新品牌、新产品)、寻找新技术(如基于区块链、5G与物联网、AR等新技术场景的电商服务)等方式,来拓展新的市场空间。

1.2 电子商务的概念、分类及交易模式

1.2.1 电子商务的概念

1. 狭义的电子商务(electronic commerce,EC)

狭义的电子商务是指在包括互联网在内的计算机网络上以电子交易方式进行交易和相关服务活动,是传统贸易活动各环节的电子化、网络化。其包括通过互联网买卖产品和提供服务,产品可以是实体化的,如汽车、电视,也可以是数字化的,如新闻、录像、软件等基于知识的产品,服务可以是安排旅游、远程教育、项目设计等。电子商务示意图如图1-2所示。

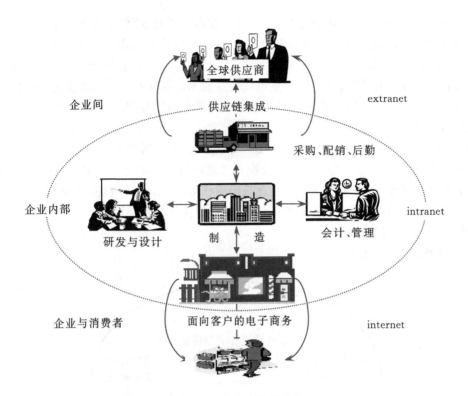

图1-2 电子商务示意图

从发展的角度来思考问题,在考虑电子商务的概念时,仅仅局限于利用互联网进行商务活动是远远不够的。将利用各类电子信息网络进行的广告、设计、开发、推销、采购、结算等全部贸易活动都纳入电子商务的范畴比较符合发展实际。正如美国学者瑞维·卡拉塔和安德鲁·B.惠斯顿所指出的:电子商务是一种现代商业方法,这种方法以满足企业、商人和顾客的需要为目的,通过增加服务传递速度、改善服务质量、降低交易费用来达到上述目的。

2. **广义的电子商务**(electronic business,EB)

广义的电子商务是指交易当事人或参与人利用计算机技术和网络技术等现代信息技术所进行的各类商务活动,包括货物贸易、服务贸易和知识产权贸易之间利用现代信息技术和计算机网络按照一定的标准所进行的各种商务活动。

对上述广义电子商务的定义,可以从以下几个方面来分析和理解。

第一,电子商务是一种采用最先进信息技术的商务方式。交易各方将自己的各类供求意愿按照一定的格式输入电子商务网络,电子商务网络便会根据用户的要求寻找相关的信息,并提供给用户多种交易选择。一旦用户确定了交易对象,电子商务网络就会协助完成合同的签订、分类、传递和款项收付结转等全套业务,为交易双方提供一种"双赢"的最佳选择。

第二,电子商务的本质是商务。电子商务的目标是通过互联网这一最先进的信息技术来进行商务活动,所以它要服务于商务,满足商务活动的要求。商务活动是电子商务永恒的主题。从另一个角度来看,商务也是不断发展的,电子商务的广泛应用将给商务本身带来巨大的影响,从根本上改变人类社会原有的商务方式,给商务活动注入全新的理念。

第三，对电子商务的全面理解应从"现代信息技术"和"商务"两个方面思考。一方面，电子商务所包含的"现代信息技术"应涵盖各种以电子技术为基础的现代通信方式；另一方面，对"商务"一词应做广义的理解，是指契约性和非契约性的一切商务性质的关系所引起的种种事项。用集合论的观点来分析，电子商务是现代信息技术与商务两个子集的交集，是电子和商务的有效融合。电子和商务的融合并不必然得到更高效率和效益的电子商务，相反，如果结合得不好，电子商务的效率甚至更低。

第四，电子商务覆盖了与商务活动有关的所有方面，包括通过电子邮件、视频交换、文件交换以及 EDI 所进行的网络上的商业数据交换和通过网络进行的电子交易，包括政府职能部门所提供的电子化服务、网络银行以及跨企业共同运作等，包括企业内部、企业间以及企业与客户之间的一切商务活动。它把买家、卖家、厂家和合作伙伴在各类网络上利用网络技术与现有的商业设施结合起来进行运营。

EC 和 EB 的关系如图 1-3 所示。

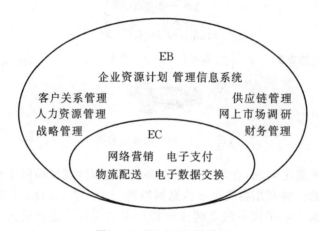

图 1-3　EC 和 EB 的关系

3. IT 行业对电子商务的定义

IT（信息技术）行业是电子商务的直接设计者和电子商务软硬件设备的制造者。很多公司都根据自己的技术特点给出了电子商务的定义，虽然差别较大，但都认同电子商务是利用现有的计算机软件、硬件设备和网络基础设施，通过一定的协议连接起来的电子网络环境进行各种各样的商务活动的方式。

惠普公司对电子商务的定义是：通过电子化的手段来完成商务贸易活动的一种方式，电子商务使我们能够以电子交易为手段完成产品与服务的交换，是商家与客户之间的联系纽带。它包括两种基本形式：商家之间的电子商务及商家与最终消费者之间的电子商务。惠普公司的电子商务解决方案，包括所有的贸易伙伴、用户、商品和服务的供应商、承运商、银行、保险公司以及所有其他外部信息源的收益人。电子商务通过商家与其合作伙伴和用户建立不同的系统和数据库，使用客户授权和信息流授权方式，应用电子交易支付手段和机制，保证整个电子商务交易过程的安全性。

Sun 公司对电子商务的定义是，简单地讲，电子商务就是利用互联网进行的商务交易，在技术上可以给予如下三条定义：

①在现有的 web 信息发布基础上,加上 Java 网上应用软件以完成网上公开交易;

②在现有企业内联网(intranet)的基础上,开发 Java 的网上企业应用,达到企业应用 intranet 化,进而扩展到外联网(extranet),使外部客户可以使用该企业的应用软件进行商务交易;

③商务客户将通过计算机、网络电视机机顶盒、电话、手机、个人数字助理等 Java 设备进行交易。

这三个方面的发展最终将殊途同归——Java 电子商务的企业和跨企业应用。

IBM 公司将电子商务定义为:电子商务是指采用数字化电子方式进行商务数据交换和开展商务业务的活动。它是互联网的广阔联系与传统信息系统的丰富资源相互结合的背景下应运而生的一种相互关联的动态商务活动。这种活动在互联网上展开,网络是电子商务的基础。因特网、企业内部网和企业外部网是电子商务的三种基本模式。而这三种模式是有层次的,只有在因特网的基础上,先通过建立良好的企业内部网,建立起比较完善的标准和各种信息基础设施,才能顺利扩展到企业外部网,最后扩展到电子商务。

4. 世界电子商务会议关于电子商务的概念

1997 年 11 月 6 日至 7 日,国际商会在法国首都巴黎举行了世界电子商务会议,从商业角度提出了电子商务的概念:电子商务(electronic commerce)是指实现整个贸易活动的电子化。从涵盖范围方面可以定义为,交易各方以电子交易方式而不是通过当面交换或直接面谈方式进行的任何形式的商业交易;从技术方面可以定义为,电子商务是一种多技术的集合体,包括交换数据(如电子数据交换、电子邮件)、获得数据(如共享数据库、电子公告牌)以及自动捕获数据(如条形码)等。

电子商务涵盖的业务包括:信息交换、售前售后服务(如提供产品和服务的细节、产品使用技术指南、回答顾客意见)、销售、电子支付(如使用电子资金转账、信用卡、电子支票、电子现金)、运输(包括商品的发送管理和运输跟踪,以及可以电子化传送的产品的实际发送)、组建虚拟企业(组建一个物理上不存在的企业,集中一批独立中小公司的权限,提供比任何单独公司多得多的产品和服务)、公司和贸易伙伴可以共同拥有和运营共享的商业方法等。

▶ 1.2.2 电子商务的分类

对电子商务进行分类的主要目的在于掌握电子商务的属性,以便更好地进行电子商务运作。电子商务按交易对象、参与交易的主体、应用平台、是否在线支付等标准有不同的分类,如表 1-1 所示。

表 1-1 不同标准的电子商务分类

分类标准	分类
按交易对象	数字化商品,非数字化商品,网上服务
按参与交易的主体	B2B,B2C,C2C,B2G,C2G
按应用平台	专用网(如 EDI),互联网,电话网,电视网,三网合一
按是否在线支付	在线支付型,非在线支付型

目前,应用最多的也是应用最广泛的电子商务分类是:企业间的电子商务(B2B),消费者与企业间的电子商务(B2C),个人对个人的电子商务(C2C),政府与企业间的电子商务(B2G),如图 1-4 所示。

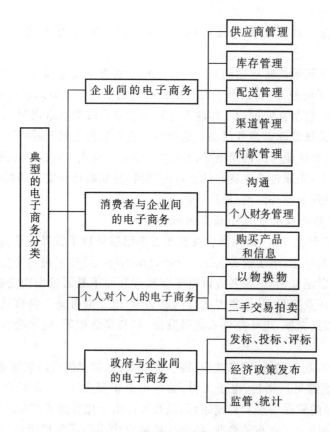

图 1-4 典型的电子商务分类

1.2.3 电子商务的交易模式

电子商务作为一种全新的商务模式,是 21 世纪的主流商业与贸易形态,代表着贸易方式的发展方向。它将一个全新的、没有边界的、数字化的虚拟市场展现在我们的面前。

1. B2B 电子商务模式

(1) B2B 模式的定义。B2B,即 business to business。它是指商家(泛指企业)对商家的电子商务,即企业与企业之间通过互联网进行产品、服务及信息的交换。通俗的说法是指进行电子商务交易的供需双方都是商家(或企业、公司),他们使用互联网的技术或各种商务网络平台,完成商务交易的过程。

这些过程包括:发布供求信息,订货及确认订货,支付过程及票据的签发、传送和接收,确定配送方案并监控配送过程等。

B2B 模式的典型是中国供应商、阿里巴巴、中国制造网、敦煌网、慧聪网等。

(2) B2B 模式对企业的影响。B2B 模式对企业产生以下影响。

①电子商务使得企业能够通过减少订单处理费用、缩短交易时间、减少人力占用来加强同供货商的合作关系,从而使其可以集中精力只同较少的供货商进行业务联系。概括地说就是"加速收缩供货链"。

②电子商务缩短了从发出订单到货物装船的时间,从而使企业可以保持一个较为合理的库存数量,甚至实现零库存。可以想象当大部分的贸易伙伴都由电子方式联系在一起时,原本需要用传真或信函来传递的信息现在只要鼠标一点就可以迅速传递过去。

③企业每一笔单证都是由专门的中介机构记录在案的,从而保证了交易的安全性。

④电子商务使得运输过程所需的各种单证,如订单、货物清单、装船通知等能够快速准确地到达交易各方,从而加快了运输过程。由于单证是标准的,也保证了所含信息的精确性。

⑤在电子商务的环境中,信息能够以更快、更大量、更精确、更便宜的方式流动,并且信息是能够被监控和跟踪的。

可以看出,在电子商务条件下,企业可成为利用信息资源的最有效的组织形式,电子商务可以增加企业收入来源、降低企业经营成本、加强与合作伙伴沟通的能力。在虚实结合的经济全球化、消费个性化的环境下,在电子商务条件下的企业可以大大增强市场适应和创新能力,大大提高自身经济活动水平和质量。对于企业来说,电子商务将改变企业商务活动的方式,改变企业的生产方式以及企业的竞争方式、竞争基础、竞争形象。

(3)B2B的一般流程。参加交易的买卖双方在做好交易的准备之后,通常都是根据电子商务标准的规定开展交易活动的。电子商务标准规定了电子商务应遵循的基本程序,通常是以EDI标准报文格式交换数据,如图1-5所示。其过程表述如下。

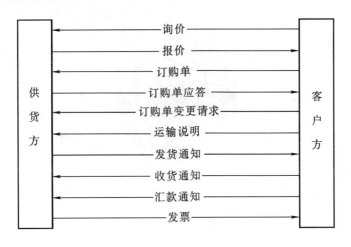

图 1-5 B2B 网上交易过程

①客户方向供货方提出商品报价请求,说明想购买的商品信息;
②供货方向客户方提供该商品的报价,说明该商品的报价信息;
③客户方向供货方提出商品订购单,说明初步确定购买的商品信息;
④供货方向客户方提出商品订购单应答,说明有无此商品及此商品的规格、型号、品种、质量等信息;
⑤客户方根据应答提出是否对订购单有变更请求,说明最后确定购买的商品信息;

⑥客户方向供货方提出商品运输说明,说明运输工具、交货地点等信息;
⑦供货方向客户方发出发货通知,说明运输公司、交货地点、运输设备、包装等信息;
⑧客户方向供货方反馈收货通知,报告收货信息;
⑨客户方发汇款通知,供货方报告收款信息;
⑩供货方向客户方发送电子发票,完成全部交易。

2. B2C 电子商务模式

(1)B2C 模式的定义。B2C,即 business to customer。B2C 模式是我国最早产生的电子商务模式,以 8848 网上商城正式运营为标志。B2C 即企业通过互联网为消费者提供一个新型的购物环境——网上商店,消费者通过网络在网上购物、在网上支付。由于这种模式节省了客户和企业的时间和空间,大大提高了交易效率,节省了宝贵的时间。B2C 的典型有天猫、京东、当当等。

(2)B2C 模式的种类。根据销售产品(服务)、销售过程和销售代理(或中间商)的数字化程度(从实物到数字的转变)的不同,电子商务可以有多种形式。如图 1-6 所示的框架图描述了三个维度上的可能组合。产品可以是实体的或数字化的,销售过程可以是实体的或数字化的,销售代理也可以是实体的或数字化的。所有可能的组合方案共同形成了八个立方体,每个立方体上都有三个维度。传统商务的所有维度都是实体的(左下角立方体),完全电子商务的所有维度都是数字化的(右上角的立方体)。除此之外的立方体包括数字维度和实物维度的混合,由于至少有一个维度是数字化的,我们认为它是电子商务,只不过是不完全的电子商务。

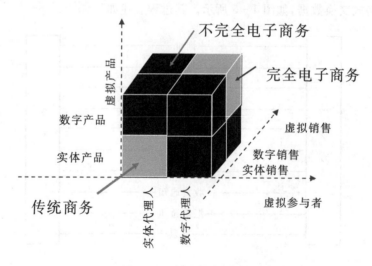

图 1-6 电子商务的维度

例如:从戴尔公司的网站上购买一台计算机或从当当网购买一本书都是不完全的电子商务,因为商品的配送是靠实体完成的。然而,从当当网购买一本电子图书是完全的电子商务,因为产品、配送、付款和到购买者处的传输都是数字化的。

①完全电子商务模式。无形(数字)产品的网上销售即为完全电子商务模式。完全电子商务模式主要如下。

A. 网上订阅模式。网上订阅模式是指企业通过网页或移动客户端向消费者提供网上直接订阅,消费者直接浏览信息的电子商务模式。网上订阅模式主要被商业在线机构用来销售报纸杂志、有线电视节目等。网上订阅模式主要有在线服务、在线出版、在线娱乐等。

B. 付费浏览模式。付费浏览模式是指企业通过网页或移动客户端向消费者提供计次收费性网上信息浏览和信息下载的电子商务模式。该模式的成功要具备如下条件:首先,消费者必须事先知道要购买的信息,并且该信息值得付费获取;其次,信息出售者必须有一套有效的交易方法,而且该方法可以处理较低的交易金额。这种模式会涉及知识产权问题。

C. 广告支持模式。广告支持模式是指在线服务商免费向消费者或用户提供信息在线服务,而营业活动全部用广告收入支持。广告支持模式需要上网企业的广告收入来维持。网上广告必须对广告效果提供客观的评价和测度方法,以便公平地确定广告费用的计费方法和金额。计费方法有:按被看到的次数计费,按用户录入的关键字计费,按点击广告图标次数计费。

D. 网上赠与模式。网上赠与模式是一种非传统的商业运作模式,是企业借助于国际互联网用户遍及全球的优势,向互联网用户赠送产品,以扩大企业的知名度和市场份额的一种模式。软件公司通过让消费者使用该产品,吸引消费者下载新版本的软件或购买另外一个相关的软件。网上赠与模式的实质就是"试用,然后购买"。采用网上赠与模式的企业主要有两类,一类是软件公司,另一类是出版商。

②不完全电子商务模式。不完全电子商务主要是有形商品的网络交易,这类商品的交易过程中所包含的信息流和资金流可以完全实现网上传输,但商品交付不是通过电脑的信息载体,而仍然通过传统的方式来实现。

企业实物产品在线销售的形式目前有两种:在网上设立独立的虚拟店铺,参与并成为网上在线购物中心的一部分。

③综合模式。实际上,多数企业网上销售并不是仅仅采用一种电子商务模式,而往往采用综合模式,即将各种模式结合起来实施电子商务。

3. C2C 电子商务模式

(1)C2C 模式的定义。C2C,即 consumer to consumer。C2C 同 B2B、B2C 一样,都是电子商务的模式之一。不同的是 C2C 是用户对用户的模式。C2C 商务平台就是通过为买卖双方提供一个在线交易平台,使卖方可以主动提供商品上网拍卖,而买方可以自行选择商品进行竞价。

随着网民数量的不断增加和网络购物市场的日趋成熟,以及第三方支付平台的出现和信用评价体系的建立,C2C 电子商务模式更灵活和自由的模式受到越来越多用户的认可,C2C 的典型是易趣网、拍拍网、淘宝网等。

(2)C2C 的构成要素。C2C 的构成要素包括买卖双方和电子交易平台供应商。

(3)C2C 的交易方式。C2C 的交易方式有拍卖和电子市场两种。

4. B2G 电子商务模式

(1)B2G 模式的定义。B2G 模式即企业与政府之间通过网络所进行的交易活动的运作模式,由于活动在网上完成,使得企业可以随时随地了解政府的动向,还能减少中间环节的时间延误和费用,提高政府办公的公开性与透明度,这样更有效、速度更快和信息量更大。B2G 比较典型的例子是网上采购,即政府机构在网上进行产品、服务的招标和采购。这种运作模式的来源是投标费用的降低。这是因为供货商可以直接从网上下载招标书,并以电子数据的形式发回投标书。同时,供货商可以得到更多的甚至是世界范围内的投标机会。由于通过网络进行投标,即使是规模较小的公司也能获得投标的机会。

(2)B2G 交易的内容。B2G 交易的内容具体如下。

①信息发布:政府通过建立网站向企业发布各种法规、招商引资信息、税单指南、商务指南等信息。

②电子政务:政府利用电子商务执行其政府职能,如向企业收取税费、发放工资和福利、招标采购、招商引资等。

(3)政府的角色。政府扮演以下角色:作为电子商务的使用者进行商业上的购买活动,作为电子商务的宏观管理者对电子商务起着扶持和规范的作用。

5. C2G 电子商务模式

(1)C2G 模式的定义。C2G 模式即消费者对政府机构的电子商务,政府可以把电子商务扩展到福利费发放和个人所得税征收方面,通过网络实现个人身份的核实、报税、收税等政府与个人之间的行为。

(2)C2G 实现方式。C2G 的实现方式主要有以下几种。

①政府内部网络办公系统;

②电子法规、政策系统;

③电子公文系统;

④电子司法档案系统;

⑤电子财政管理系统;

⑥电子培训系统;

⑦垂直网络化管理系统;

⑧横向网络协调管理系统;

⑨网络业绩评价系统;

⑩城市网络管理系统。

6. O2O 电子商务模式

(1)O2O 模式的定义。O2O(online to offline),即将线下商务的机会与互联网结合在一起,让互联网成为线下交易的前台。这样线下服务就可以用线上来揽客,消费者可以在线上来筛选服务,并在线支付相应的费用,去线下供应商那里完成消费。该模式最重要的特点是推广效果可查,每笔交易可跟踪,如一些团购类网站。

(2)O2O 与 B2C、C2C 的区别。O2O 与 B2C、C2C 的主要区别如下。

①O2O 更侧重服务性消费(包括餐饮、电影、美容、旅游、健身、租车、租房等);B2C、C2C 更侧重购物(实物商品,如电器、服饰等)。

②O2O 的消费者到现场获得服务,涉及客流;B2C、C2C 的消费者待在办公室或家里,等货上门,涉及物流。

③O2O 中库存是服务;B2C 中库存是商品。

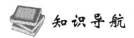 **知识导航**

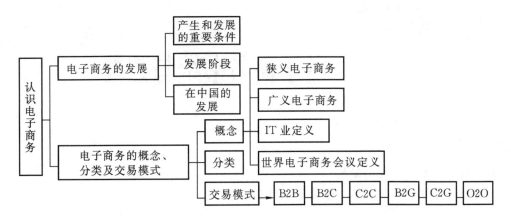

思考与练习

1. 电子商务的发展经历了哪些阶段？
2. 电子商务的含义是什么？
3. 电子商务可以分为哪些类别？
4. 电子商务的交易模式有哪些？分别怎么进行？
5. 请结合实际，谈谈电子商务在生活中的应用。

实训任务

请同学们以小组为单位，选取一家有代表性的电子商务企业，分析其发展历程。

即测即评

第2章 电子商务系统与功能

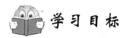 学习目标

1. 理解电子商务系统的架构；
2. 理解电子商务系统在各个领域的应用。

导入案例

微信电商体系狂追"淘宝们"：12 亿用户社交购物两不误

当企业家、明星、央视天团主持人等纷纷加入直播间带货，就已预示着直播带货对于2020年是非同寻常的存在。

在平台方面，除了淘宝、抖音、快手等通过各个环节各种形式加码直播电商之外，还有基于智能小程序自建电商平台的百度，而微信也不例外。

这其中，除了淘宝自身的电商体系发展比较成熟，抖音、快手等"淘宝们"的系列操作似乎都在向淘宝看齐。

就比如快手，2020年1月初，有用户发现快手小店先后不能接入拼多多、淘宝商品链接。当时快手方面给出的解释是，过度依赖电商端也不是长久之计，未来自建一套成熟电商体系和直播业务形成聚合之力，才有望实现价值最大化。

再比如抖音，意图高调且明显。为打造电商闭环，2020年10月9日起，抖音直播间仅支持小店商品，来自淘宝、京东等平台的第三方来源的商品将不再支持进入直播间。

但不难发现，上述社交电商平台的目光直接瞄准直播电商，归宿点也都是打造电商闭环。

当然，同样是归入社交电商的微信，加码直播电商的动作也是异曲同工，但是，在很多人认为这是要与淘宝、抖音、快手从直播电商市场中分一杯羹的时候，微信官方以小程序为例解释称，微信小商店和抖音、快手的小商店不一样，微信小商店不是为了做电商，只是腾讯和微信更加开放以及满足用户需求的工具之一。

业务名为"小商店"却不是做电商，事实是否真如微信官方所言，我们也没必要定论，但可以肯定的是，平台上的用户一定是最大的受益者。

在当红头部主播以及疫情的驱动之下，电商消费俨然成为国民的主要选择之一，微信看到"淘宝们"在直播电商上激起浪花之后，就无法置身于事外。

2020年1月19日，微信正式上线视频号。紧接着，2月，微信开放小程序直播能力，商家可以通过在小程序中创建直播，建立直播电商私域流量的场景模式。

几个月过去后，微信小程序、视频号也取得了不错的成效。根据 QuestMobile 数据显示，截至2020年9月，微信小程序总体月活达到了8.32亿。就连微信视频号，日活跃用户数量也

在2020年6月就突破了2亿。

随后,微信视频号还先后推出长视频、视频号直播、直播推流以及直播连麦等,不断完善直播生态。先是2020年9月推出了视频号助手来辅助账号分析和运营,再到10月先后支持30分钟以内的长视频并内测直播。再到12月,视频号内测直播推流功能,开放了微信个人名片和"附近的直播和人"两个重大入口,还上新了直播"三件套"——打赏、连麦、美颜。

导流上,微信视频号其实正在像淘宝、抖音、快手平台上的短视频一样导流。为了让用户能留在视频号,微信试图通过社交推荐,来引导用户往下看,并且让用户能够发现自己感兴趣的账号。

值得一提的是,微信视频号还正式打通商家自有小程序。用户进入视频号个人主页,可以看到"商店"入口,点击进入,即可快速跳转到商家自有的小程序。

根据2020腾讯全球数字生态大会上公布的一组数据显示,小程序直播上线半年已有近十万商户开通小程序直播。那么,随着微信视频号的不断更新迭代,加入视频号直播带货的商家将会只多不少。

而微信视频号此番正式打通商家自有小程序,直接关联小商店,这对于用户而言,同时满足了社交与购物的需求;对于商家而言,依托于视频号在公域流量与私域流量之间的有效转换,大大促活留存。

依托于微信本身强大的流量池,照微信视频号当下的更新趋势,微信视频号未来同时满足大部分用户边社交、边购物的需求自然不在话下。

资料来源:王小孟. 微信"狂追""淘宝们"12亿用户社交、搞钱两不误[EB/OL]. (2020-12-31)[2022-04-10]. https://baijiahao.baidu.com/s?id=1687577790361564267&wfr=spider&for=pc.

2.1 电子商务系统

2.1.1 电子商务系统的架构

1. 电子商务系统基本组成

一个完善的电子商务系统应该包括哪些组成部分,目前还没有一个权威的论述。从实践来看,由于电子商务覆盖的范围很广,因此必须针对具体的应用才能描述清楚系统架构。从总体上看,电子商务系统由以下五层框架结构组成(见图2-1)。

(1)网络硬体层。网络平台是信息传送的载体和用户接入的手段,它包括各种各样的物理传送平台和传送方式;网络平台是电子商务的基础设施,一般由骨干网、城域网、局域网这些层层搭建才使任何一台联网的计算机能够随时同这个世界连为一体。

一般而言,电子商务的开展可以利用电信网络资源(如我国的公众电话网络、数字数据网、ChinaNet等),同时还可以利用无线网络和原有的行业性数据通信网络,例如铁路、石油、电力、有线电视网络等。在电子商务系统中,应用系统大都建立在公共数据通信网络基础之上。

在网络平台中,计算机硬件也是必不可少的,计算机主机和外部设备构成了电子商务系统的硬件环境,也是电子商务系统的运行平台。

(2)网络软体层,即开发支持平台。网络软体层包括软件及其开发环境,如操作系统、网络通信协议、开发工具等。这一环境为电子商务的开发、维护提供平台支持。

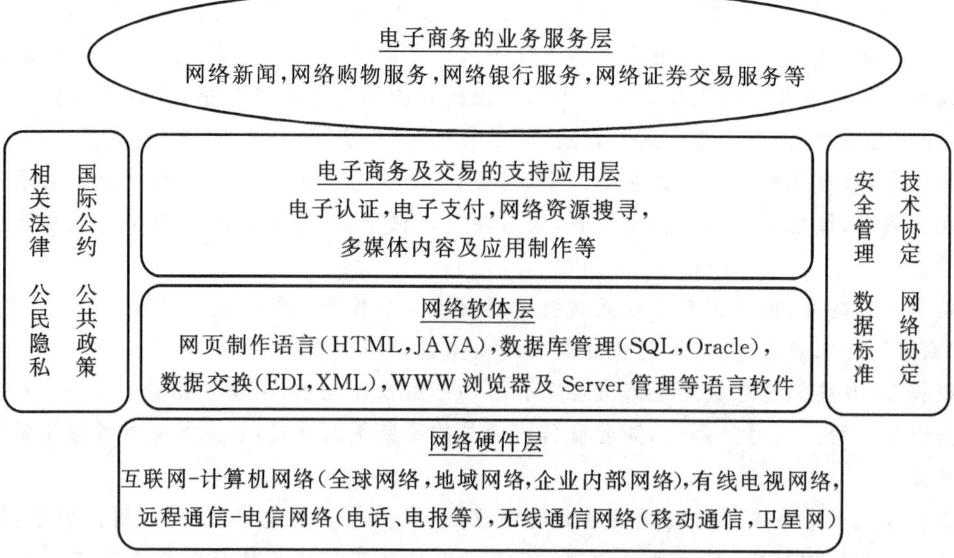

```
                    ┌─────────────────────────────────┐
                    │      电子商务的业务服务层          │
                    │  网络新闻,网络购物服务,网络银行服务,│
                    │         网络证券交易服务等         │
                    └─────────────────────────────────┘

 ┌──┬──┐  ┌─────────────────────────────────┐  ┌──┬──┐
 │相│国│  │    电子商务及交易的支持应用层      │  │安│技│
 │关│际│  │  电子认证,电子支付,网络资源搜寻,   │  │全│术│
 │法│公│  │       多媒体内容及应用制作等       │  │管│协│
 │律│约│  └─────────────────────────────────┘  │理│定│
 │  │  │  ┌─────────────────────────────────┐  │  │  │
 │公│公│  │           网络软体层              │  │数│网│
 │民│共│  │ 网页制作语言(HTML,JAVA),数据库管理 │  │据│络│
 │隐│政│  │ (SQL,Oracle),数据交换(EDI,XML),   │  │标│协│
 │私│策│  │ WWW浏览器及Server管理等语言软件   │  │准│定│
 └──┴──┘  └─────────────────────────────────┘  └──┴──┘
          ┌─────────────────────────────────┐
          │           网络硬件层              │
          │ 互联网-计算机网络(全球网络,地域网络,│
          │ 企业内部网络),有线电视网络,        │
          │ 远程通信-电信网络(电话、电报等),   │
          │ 无线通信网络(移动通信,卫星网)      │
          └─────────────────────────────────┘
```

图 2-1 电子商务系统架构

电子商务的开发工具与传统的信息系统开发工具有一些区别。传统的开发语言(如 PowerBuilder、C/C++等)仍然可以作为构建电子商务应用软件的工具,而且这些软件也提供了很好的接口。但是传统的开发工具有一个缺点,即编译器与计算机硬件相关,而 Java 语言则可以改变这一缺点,因此它逐渐成为电子商务系统开发的主流产品。此外,为提高软件可重用性,组件技术发展非常之快,很多 IT 企业都提供组件模块,同时支持应用协同工作的一些标准也逐渐成为主流。

(3)电子商务及交易的支持应用层。电子商务及交易的支持应用层包括 CA(certificate authority)认证、支付网关(payment gateway)、客户服务中心、安全、支付等部分。其核心是 CA 认证,广义上讲,还包括社会配送体系、公关广告等。从功能上讲,其可以进一步划分为两个部分:一是包括安全、支付、认证、支付网关以及客户服务中心等侧重于商务活动的部分;二是侧重于系统优化部分,如负荷均衡、目录服务、搜索引擎等。

电子商务中参与各方是互不见面的,因此身份的确认与安全通信就变得非常重要,解决方案就是建立中立的、权威的、公正的电子商务认证中心,它是网络上的"公安局"和"市场监督管理局",给个人、企业、事业单位和政府机构签发数字证书。数字证书是一种互联网的网上身份证,用来确认电子商务活动各方的身份,并通过加密、解密方法实现网上安全的信息交换与安全交易。

支付网关的角色是信息网与金融网连接的中介,承担双方的支付信息转换工作,所解决的关键问题是让传统的封闭的金融网络能够通过网关面向互联网的广大用户,提供安全方便的网上支付功能。

客户服务中心也称为呼叫中心,与传统的呼叫中心不同的是它不但支持电话接入方式,还支持 web、E-mail、传真等多种接入方式,使得用户的任何疑问都能很快地获得响应与帮助。客户服务中心不是以往每个企业独立建设和运作的概念,而是统一建设再将席位出租,从而大大简化和方便中小企业进行电子商务,提供客户咨询和帮助。

电子商务系统同其他系统一样需要特定的法律环境,而且这一系统对法律、国家政策等的依赖性非常大。例如,电子商务系统中的客户关系管理是一个非常重要的组成部分,如果企业试图建立客户关系管理系统并通过其来发掘企业潜在的顾客,那么就需要利用这一系统对顾客的行为(如个人爱好、采购历史等)进行分析,实际上这可能涉及顾客个人的隐私问题。如果没有法律依据,则很难处理这类问题。

同样对于电子交易,发生商务纠纷时,能够利用电子契约(如电子订单、电子证书等)作为法律依据。再比如,美国规定对通过互联网进行的商品交易减免税收,因此,通过互联网上交易的商品价格比传统市场要便宜。

所以,电子商务的存在和发展必须以特定的法律、税收政策来规范。同时,国家也需要制定相应的政策,鼓励甚至引导电子商务的建设。

(4)电子商务的业务服务层。各种各样的电子商务应用服务,如网络新闻、网络购物服务、网络银行服务、网络证券交易服务、远距离网络教学、网络中介服务等。

(5)电子商务的各种协议、法规、标准。随着计算机与通信技术的发展以及商业化的广泛应用,商务交易形式问题变得越来越具有多样性、复杂性,已经到了必须有专门的协议、标准来保证网络交易的安全,并由法律法规对电子商务活动进行规范调整的地步。

2. 信息流、资金流、物流和商流

众所周知,经济活动中的要素可以用四种方式表示,即信息流、资金流、物流和商流。信息流包括商品信息、技术支持信息、服务信息和企业资信信息等的传递过程,也包括询价单、报价单、付款通知单等商业贸易单证信息的传递过程。资金流是指资金的转移过程,包括付款和转账等。物流是商品或服务的流动过程,具体指运输、储存、配送、装卸和保管等各种活动。商流是指商品在进行交易过程中发生的有关商品所有权的转移。电子商务系统的运作就是围绕这四流展开的,许多对策和措施是为了顺利实现四流的运转而设计的。

由图2-2可知,电子商务活动主要包括信息流、资金流和物流三要素,最后才是商流,产生商品所有权的转移,我们可以将其框架描述为3F+2S+P,其中3F表示信息流、资金流和物流,2S表示安全和标准化建设,P表示政策法规。

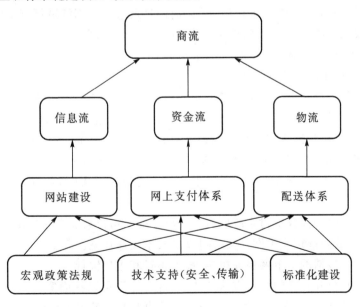

图2-2 电子商务中的3F+2S+P

2.1.2 电子商务支付系统

支付是一种伴随着人类交易活动而产生的古老行为,它描述了交易活动中价值与使用价值交换的过程:买方为了获取商品的使用价值必须付出与之相应的价值(货币等),与之相对应,卖方获得价值的同时必须转让商品的使用价值。当然,支付行为广泛存在于交易活动中,很多时候并不局限于狭义的物质商品买卖。

自从出现了作为一般等价物的货币,人类社会进入了真正意义上的货币支付、结算时代,但是其本质依然是交换主体之间的经济交换活动。

电子支付技术的研究是建立在传统支付的基础之上的,传统是相对而言的。人类交易支付方式处于不断演变之中。

传统支付主要是以面对面的支付和以现金或纸介质凭证为主的支付方式。电子商务并不完全排斥传统的支付方式,常见的传统支付方式,如货到付款、邮局汇款、银行转账等都可以应用到电子商务交易当中,传统的支付方式对于客户而言感觉可靠、符合消费者习惯,但是对于商家来说有一定的风险,并且有时间和地点的限制,办理的手续较复杂,一般要经历较长的时间。这些缺点从某种层面抵消了电子商务本身的优势。

1. 电子货币的发展

银行采用计算机等技术进行电子支付的形式有五种,分别代表着电子支付发展的不同阶段。

第一阶段是银行利用计算机处理银行之间的业务,办理清算。

第二阶段是银行计算机与其他机构计算机之间资金的结算,如代发工资等业务。

第三阶段是利用网络终端向客户提供各项银行服务,如客户在自动柜员机(ATM)上进行取、存款操作等。

第四阶段是利用银行销售点终端(POS)向客户提供自动的扣款服务。

第五阶段是最新发展阶段,电子支付可随时随地通过互联网络进行直接转账结算,形成电子商务环境。我们又称这一阶段的电子支付为网上支付。网上支付的形式即为网上支付工具,主要有信用卡、电子现金、电子支票、智能卡等。

2. 电子商务支付系统的基本结构

电子商务支付系统是电子商务系统的重要组成部分,它指的是消费者、商家和金融机构之间使用安全电子手段交换商品或服务,即把新型支付手段(包括电子现金、信用卡、借记卡、智能卡等)的支付信息通过网络安全传送到银行或相应的处理机构,来实现交易支付过程(货币支付或资金流转)。电子商务支付系统的基本结构如图2-3所示。

(1)网络交易主体:电子商务支付系统的主体首先应包括买(消费者或用户)卖(商家或企业)双方。

(2)安全协议:电子商务支付系统应有安全电子交易协议或安全套接层协议等安全控制协议,这些涉及安全的协议构成了网上交易可靠的技术支撑环境。

(3)金融机构:包括网络金融服务机构、商家银行和用户银行。

(4)认证机构:公开安全的第三方认证体系,这一体系可以在商家与用户进行网上交易时为他们颁发电子证书,在交易行为发生时对电子证书和数字签名进行验证。

(5)网络基础设施:电子支付建立在网络平台上,包括互联网、企业内联网,要求运行可靠、

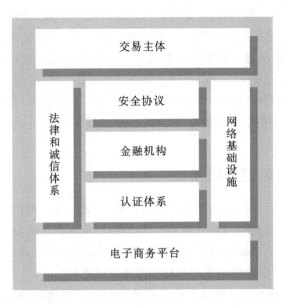

图 2-3 电子商务支付系统的基本结构

接入速度快、安全等。

(6)法律和诚信体系:属于网上交易与支付环境的外层,是靠国家及国际相关法律法规的支撑来予以实现,另外还要依靠完善的社会诚信体系。

(7)电子商务平台:可靠的电子商务网站、App 以及网上支付工具。

3. 电子支付系统的基本功能

安全可靠、高效便捷是电子支付的共同追求。电子支付系统的建立也应该向着这个方面不懈努力。一个电子支付系统的基本功能大致如图 2-4 所示。

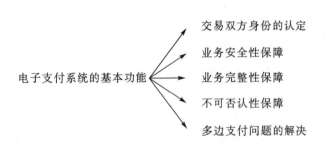

图 2-4 电子支付系统的基本功能

(1)交易双方身份的认定。这一点是支付行为发生的前提条件。如果没有办法确切保证交易双方身份的有效性、合法性,交易行为本身便相当危险。一个电子支付系统通常使用数字签名、数字证书等实现对各方身份的认证。

(2)业务安全性保障。一个合格的电子支付系统必须要使用有效的加密技术对业务过程进行加密处理,以防止未被授权的第三方获取业务相关信息。

(3)业务完整性保障。仅仅保证未被授权的第三方不能获取业务相关信息还远远不够,一个合格的电子支付系统必须确保业务过程的完整性。

(4) 不可否认性保障。很多时候，不可否认性保障更为重要。俗话说"覆水难收"，不可否认就是行为发生后对自己已做出行为的不可抵赖。很显然，支付是商务活动中最容易发生纠纷的环节，采用在线支付的电子商务更是如此。一个合格的电子支付系统必须保证交易双方对业务的不可否认性。

(5) 多边支付问题的合理解决。由于电子支付通常涉及客户、商家和银行等多方，一个合格的电子支付系统必须通过多重签名等技术来实现多边支付，以保证多方的协同、有序工作。

2.1.3 电子商务物流配送系统

物流是现代社会赖以生存的最基本经济活动之一，物流落后的国家或地区便意味着落后。对企业来说，物流更是"第三利润源"，谁掌握了物流，谁就掌握了市场，掌握了主动。

物流的雏形大致源于二战期间，当时是考虑到后勤物资保障、武器弹药运输的需要被作为一个专有名词提了出来，渐渐形成了一套后勤物资保障系统。

电子商务的任何一笔交易，都包含着信息流、商流、资金流和物流活动。其中信息流、商流、资金流三者都要通过信息网络完成，而唯独物流，作为众流中最为特殊的一种，是实物的传递，大多数不能通过信息网络完成，必须通过把实物转移到购物者手中，才算完成交易，因此，物流是实现电子商务的保证。

与传统的物流配送相比，电子商务物流配送具有以下特征。

1. 虚拟性

电子商务物流配送的虚拟性来源于网络的虚拟性。借助现代计算机技术，配送活动已由过去的实体空间拓展到了虚拟网络空间，实体作业节点可以虚拟信息节点的形式表现出来；实体配送活动的各项职能和功能可在计算机上进行仿真模拟，通过虚拟配送，找到实体配送中存在的不合理现象，从而进行组合优化，最终实现实体配送过程达到效率最高、费用最少、距离最短、时间最少的目标。

2. 实时性

虚拟性的特性不仅能够有助于辅助决策，让决策者获得高效的决策信息支持，还可以实现对配送过程的实时管理。配送要素数字化、代码化之后，突破了时空制约，配送业务运营商与客户均可通过共享信息平台获取相应配送信息，从而最大限度地减少各方之间的信息不对称，有效地缩小了配送过程中的运作不确定性与环节间的衔接不确定性，打破以往配送途中的"失控"状态，做到全程的"监控配送"。

3. 个性化

个性化配送是电子商务物流配送的重要特性之一。作为"末端运输"的配送服务，所面对的市场需求是"多品种、少批量、多批次、短周期"的，小规模的频繁配送将导致配送企业的成本增加，这就必须寻求新的利润增长点，而个性化配送正是这样一个开采不尽的"利润源泉"。电子商务物流配送的个性化体现为"配"的个性化和"送"的个性化。"配"的个性化主要指通过配送企业在流通节点(配送中心)根据客户的指令对配送对象进行个性化流通加工，从而增加产品的附加价值；"送"的个性化主要是指依据客户要求的配送习惯、喜好的配送方式等为每一位客户制订量体裁衣式的配送方案。

4. 增值性

除了传统的分拣、备货、配货、加工、包装、送货等作业以外,电子商务物流配送的功能还向上游延伸到市场调研与预测、采购及订单处理,向下延伸到物流咨询、物流方案的选择和规划、库存控制决策、物流教育与培训等附加功能,从而为客户提供具有更多增值性的物流服务。

2.1.4 认证中心

1. 认证中心简介

认证中心是承担网上安全电子交易的认证服务,能签发数字证书并确认用户身份,具有权威性和公正性的第三方服务机构。

认证中心为每个使用公开密钥的用户发放一个数字证书,数字证书的作用是证明证书中列出的用户合法拥有证书中列出的公开密钥。认证中心的数字签名使得攻击者不能伪造和篡改证书。在安全电子交易(SET)中,认证中心不仅对持卡人、商户发放证书,还要对获款的银行、网关发放证书。

认证中心是证书的签发机构,是公钥基础设施(PKI)的核心。它是负责签发证书、认证证书、管理已颁发证书的机关。它要制定政策和具体步骤来验证、识别用户身份,并对用户证书进行签名,以确保证书持有者的身份和公钥的拥有权。

认证中心也拥有一个证书(内含公钥)和私钥。网上的公众用户通过验证认证中心的签字从而信任它,任何人都可以得到认证中心的证书(含公钥),用以验证它所签发的证书。

如果用户想得到一份属于自己的证书,他应先向认证中心提出申请。在认证中心判明申请者的身份后,便为他分配一个公钥,并且认证中心将该公钥与申请者的身份信息绑在一起,并为之签字后,便形成证书发给申请者。

如果一个用户想鉴别另一个证书的真伪,他就用认证中心的公钥对那个证书上的签字进行验证,一旦验证通过,该证书就被认为是有效的。

2. CA 认证证书

CA 认证证书实际是由证书签发机关签发的对用户的公钥的认证。

证书的内容包括:签发机关的信息、公钥用户信息、公钥、权威机构的签字和有效期等。目前,证书的格式和验证方法普遍遵循 ITUT X.509 国际标准。

(1) 加密。CA 认证将文字转换成不能直接阅读的形式(即密文)的过程称为加密。

(2) 解密。将密文转换成能够直接阅读的文字(即明文)的过程称为解密。

如何在电子文档上实现签名的目的呢?我们可以使用数字签名。RSA 公钥体制可实现对数字信息的数字签名,方法如下:信息发送者用其私匙对从所传报文中提取出的特征数据(或称数字指纹)进行 RSA 算法操作,以保证发信人无法抵赖曾发过该信息(即不可抵赖性),同时也确保信息报文在传递过程中未被篡改(即完整性)。当信息接收者收到报文后,就可以用发送者的公钥对数字签名进行验证。

3. CA 认证验证

接收方在收到信息后用如下的步骤验证发送方的签名。

(1) 使用自己的私钥将信息转为明文。

(2) 使用发送方的公钥从数字签名部分得到原摘要。

(3)接收方对发送方所发送的源信息进行 hash 运算,也产生一个摘要。

(4)接收方比较两个摘要,如果两者相同,则可以证明信息签名者的身份。

如果两个摘要内容不符,说明什么呢?可能对摘要进行签名所用的私钥不是签名者的私钥,这就表明信息的签名者不可信;也可能收到的信息根本就不是签名者发送的信息,信息在传输过程中已经遭到破坏或篡改。

4. 数字证书

数字证书为实现双方安全通信提供了电子认证。在因特网、公司内部网或外部网中,使用数字证书实现身份识别和电子信息加密。数字证书中含有密钥对(公钥和私钥)所有者的识别信息,通过验证识别信息的真伪,实现对证书持有者身份的认证。

数字证书在用户公钥后附加了用户信息及认证中心的签名。公钥是密钥对的一部分,另一部分是私钥。公钥公之于众,谁都可以使用。私钥只有自己知道。由公钥加密的信息只能由与之相对应的私钥解密。为确保只有某个人才能阅读自己的信件,发送者要用收件人的公钥加密信件;收件人便可用自己的私钥解密信件。同样,为证实发件人的身份,发送者要用自己的私钥对信件进行签名;收件人可使用发送者的公钥对签名进行验证,以确认发送者的身份。

在线交易中可使用数字证书验证对方身份。用数字证书加密信息,可以确保只有接收者才能解密、阅读原文,保证信息在传递过程中的保密性和完整性。有了数字证书,网上安全才得以实现,电子邮件、在线交易和信用卡购物的安全才能得到保证。

5. 认证、数字证书和公钥基础设施解决的几个问题

(1)保密性——只有收件人才能阅读信息。

(2)认证性——确认信息发送者的身份。

(3)完整性——信息在传递过程中不会被篡改。

(4)不可抵赖性——发送者不能否认已发送的信息。

2.1.5 电子商务网站系统

电子商务网站是电子商务系统的对外窗口,是企业开展电子商务的平台,其目的是宣传企业形象、发布产品信息、实现商品交易等。电子商务网站不同于个人站点,一般具有营利性质。

建立网站好比写一篇文章,首先要拟好提纲,才能主题明确、层次清晰。一个网站建设得成功与否与建站前的规划有着极为重要的关系。在建立网站前应明确建设网站的目的,确定网站的功能、规模及投入的费用,还要进行必要的市场分析等。只有详细的规划,才能避免在网站建设中可能出现的诸多问题。

网站规划工作完成后,就可以开始网站的设计。网站设计不仅包括网站内容的构成与组织,同时也包括网页界面的设计与组织。

设计工作结束后,网站进入调试阶段,目的是通过调试不断去发现与解决网站运行过程中的错误,使得网页程序正常运行。调试无误后,就可以通过站点的配置以及域名和空间的申请,将网站发布到互联网上了。

2.2 电子商务系统的应用

2.2.1 企业电子商务

企业电子商务主要是指两个组织之间通过互联网开展的商务活动,如网上交易与网际合作等。广义的组织指的是一切区别于个人的有法人地位的主体,包括营利性质的企业实体和非营利的组织机构,如政府部门等。因此,广义的企业间电子商务也包括企业与企业之间的电子商务和企业与政府之间的电子商务两大主要的形式。

企业间电子商务的交易过程如图2-5所示。

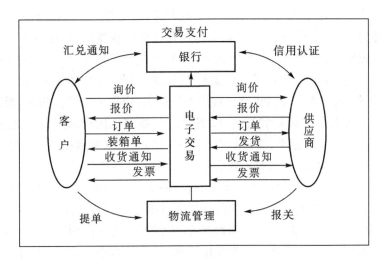

图2-5 企业间电子商务的基本交易过程

(1)客户方向供货方提出请求,说明想购买的商品信息。
(2)供货方向客户方回答,说明该商品的报价信息。
(3)客户方向供货方提出订购单,初步确定购买的商品信息。
(4)供货方向客户方应答,说明有无此商品及规格型号、品种、质量等信息。
(5)客户方根据应答提出是否有变更请求,最后确定购买商品信息向供货方说明汇兑、运输信息,如运输工具、交货地点等。
(6)供货方信用认证,报关,发出发货通知,说明运输公司、发货地点、包装等信息。
(7)客户方收到货物,发回收货通知,报告收货信息。
(8)供货方收到货款向客户方发送电子发票。

2.2.2 金融电子商务

1. 银行电子商务

银行电子商务发展初期,招商银行在1997年率先推出一网通业务,该行的个人用户可以在互联网上办理查询、转账等各项个人理财操作。随后,中国银行建立了其在线银行服务系统,推出国际结算查询、国际收支申报、企业账务查询、信用卡网上支付、内部资金转账、证券市场资金清算划拨等业务。1999年,中国建设银行在北京和广州两个网络银行区域中心推出了网上银行业务,提供了强大的网上支付功能,尤其是利用WAP手机办理网上银行业务。其他银行也相继建立自己的官方网站,逐步推出网上银行、手机银行等业务。1998年9月,首都电子商务工程领导小组会议决定,由中国人民银行牵头组织全国商业银行联合共建我国金融行业统一的第三方安全认证机构——中国金融认证中心。2000年6月29日,中国金融认证中心挂牌暨系统开通运行。

2022年2月25日,中国互联网络信息中心发布的《第49次中国互联网络发展状况统计报告》显示,截至2021年12月,我国网络支付用户规模达9.04亿,较2020年12月增长4929万,占网民整体的87.6%。我国网络支付业务规模稳步增长,为促进消费扩容提质、支持经济发展提供了有力支撑。网络支付通过聚合供应链服务,辅助商户精准推送信息,助力我国中小企业数字化转型,推动数字经济发展;移动支付与普惠金融深度融合,通过普及化应用缩小我国东西部和城乡差距,促使数字红利普惠大众,提升金融服务可得性。《中国互联网发展报告(2021)》显示,2020年,银行处理电子支付业务2352.25亿笔,金额达2711.81万亿元。

2019年底以来,数字人民币试点测试规模有序扩大,应用领域逐步拓展,促进了我国数字经济规模扩张与质量提升。截至2021年12月31日,数字人民币试点场景已超过808.51万个,累计开立个人钱包2.61亿个,交易金额875.65亿元,试点有效验证了数字人民币业务技术设计及系统稳定性、产品易用性和场景适用性,增进了社会公众对数字人民币设计理念的理解,未来将进一步深化在零售交易、生活缴费、政务服务等场景的试点使用。作为数字人民币研发试点和2022年北京冬奥会筹办工作的重要组成部分,数字人民币北京冬奥场景试点稳妥有序推进,覆盖含交通出行、餐饮住宿、购物消费、旅游观光等在内的七大类场景,实现支付服务需求全覆盖。未来,数字货币将进一步优化功能,覆盖更多消费场景,为网民提供更多数字化生活便利。

2. 证券电子商务

证券电子商务是证券行业以互联网络为媒介为客户提供的一种全新商业服务,它是一种信息无偿、交易有偿的网络服务。

从经济学角度出发,证券电子商务有以下基本内容。

(1)证券电子商务能为企业及投资者提供投资理财的全方位服务。

(2)证券电子商务所需条件是互联网的普及、货币电子化和网络安全(微观、宏观)等。证券电子商务比其他行业电子商务少了电子商务三大要素之一的物流,因此证券电子商务能够更快更好地实现,并且我国证券业的信息流、电子货币流已有相当好的基础。

(3)证券电子商务能够为投资者提供国际经济分析、政府政策分析、企业经营管理分析、证券板块分析、证券静态动态分析等方面的服务。

(4)证券电子商务能够以每日国内外经济信息、证券行情、证券代理买卖、投资咨询、服务对象的辅助决策分析及提供特别专题报告等方式来为投资者服务,同时也提供外汇、期货等方面的辅助服务方式。

3. 保险电子商务

从狭义上讲,保险电子商务是指保险公司或新型的网上保险中介机构通过互联网为客户提供有关保险产品和服务的信息,并实现网上投保、承保等保险业务,直接完成保险产品的销售和服务,并由银行将保费划入保险公司的经营过程。

从广义上讲,保险电子商务还包括保险公司内部基于互联网技术的经营管理活动,对公司员工和代理人的培训,以及保险公司之间,保险公司与公司股东和保险监管、税务、市场监管等机构之间的信息交流活动。

2.2.3 电子政务

1. 电子政务的含义

电子政务是指运用计算机、网络和通信等现代信息技术手段,实现政府组织结构和工作流程的优化重组,超越时间、空间和部门分隔的限制,建成一个精简、高效、廉洁、公平的政府运作模式,以便全方位地向社会提供优质、规范、透明、符合国际水准的管理与服务。

2. 电子政务的类别

电子政务最重要的内涵及精髓是建构一个"虚拟政府"(virtual government),即跨越时间、地点、部门的全天候的政府服务体系。具体而言,电子政务的内容主要如下。

(1)政府之间的电子政务(G2G)。政府之间的电子政务主要是指上下级政府、不同地方政府以及不同政府部门之间的电子政务,主要内容包括电子法规政策系统、电子化公文系统、电子司法档案系统、电子财政管理系统、电子办公系统、电子培训系统、业绩评价系统。

(2)政府与企业之间的电子政务(B2G)。政府与企业之间的电子政务是指政府与企业之间的互动,主要包括政府对企业和企业对政府两个部分。具体内容包括电子采购与招标、电子税务、电子证照办理、信息咨询服务、中小企业电子服务等。

(3)政府与公民之间的电子政务(C2G)。政府与公民之间的电子政务是指政府与公民之间的互动,主要包括政府对居民和居民对政府两个部分。具体内容包括教育培训服务、电子医疗服务、社会保险网络服务、公民信息服务、交通管理服务、电子证件服务、公民电子税务、报警服务等。

3. 我国电子政务的发展现状

《第49次中国互联网络发展状况统计报告》显示,截至2021年12月,我国互联网政务服务用户规模达9.21亿,较2020年12月增长9.2%,占网民整体的89.2%。《2020联合国电子政务调查报告》显示,我国电子政务发展指数为0.7948,排名从2018年的第65位提升至第45位,达到全球电子政府发展"非常高"的水平。各类政府机构积极推进政务服务线上化,服务种类及人次均有显著提升;各地区各级政府"一网通办""异地可办""跨区通办"渐成趋势,"掌上办""指尖办"逐步成为政务服务标配,营商环境不断优化。

在电子政务40多年的发展历程中,从"办公自动化""三金工程"到一系列金字工程行业系统建设再到"最多跑一次""一网通办、一网统管",电子政务的不断优化发展之路,是我国推进政府职能转变、构建服务型政府的建设之路,更是不断推进国家治理现代化的过程。当前,全国政府数字化转型工作稳步开展,政务服务平台、监督平台和全国信用体系已经形成。全国一体化政务服务平台实名用户超过10亿人,其中国家政务服务平台注册用户超过4亿人,总使用量368.2亿人次。

电子商务概论

随着以国家政务服务平台为总枢纽的全国一体化政务服务平台建设成效逐步发挥,我国网上政务服务发展已由以信息服务为主的单向服务阶段,开始迈向以跨区域、跨部门、跨层级一体化政务服务为特征的整体服务阶段。

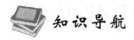 **知识导航**

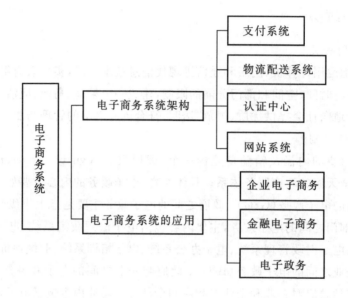

思考与练习

1. 电子商务系统架构包括哪些?
2. 简述电子商务支付系统的含义和功能。
3. 简述电子商务物流配送的特征。
4. 简述认证中心的作用。
5. 电子商务在企业经营上有哪些应用?
6. 电子商务在金融领域有哪些应用?
7. 简述电子政务的含义和类别。

实训任务

请同学们以小组为单位,通过查找资料,了解我国第三方支付平台的发展现状,形成调研报告。

即测即评

第3章 电子商务技术基础

学习目标

1. 了解 internet 的起源和发展；
2. 理解 internet 的概念与特点；
3. 掌握 internet 提供的主要服务；
4. 理解 TCP/IP 协议的概念和原理；
5. 掌握域名的概念和重要性，以及申请域名的方法和注意事项；
6. 了解电子商务网站建设的基本流程。

导入案例

字节跳动：算法赋能的引领者

一、以数据和算法为核心，构建平台优势

历经9年的时间，字节跳动的业务版图急速扩张，以专注图文信息分发的今日头条为核心衍生出庞大的内容产品矩阵，例如抖音短视频、西瓜短视频、懂车帝等。字节跳动也在这个过程中构建了以数据算法为主的核心竞争力。随着公司产品业务线的不断增多，字节跳动以数据和算法为业务赋能，不断提升自身的竞争力。

1. 优化基础架构，沉淀数据底层能力

2021年6月17日，字节跳动首次披露公司业绩：截至2020年底，公司旗下产品全球月活用户数达19亿人，业务线超过400条。这一方面反映出公司数据量的规模，另一方面也折射出字节跳动对数据能力和基础技术架构的极高要求。第一，公司的业务模型非常多元，对后台的要求也存在明显差异，需要更为复杂的系统产品矩阵。例如，传统信息流业务的数据以及服务规模极大，对于系统的可扩展性和性能有非常高的要求；新型的飞书、教育等业务的数据模型非常复杂，对系统的可用性、数据的一致性要求非常高。第二，字节跳动的后台规模巨大、系统复杂，如何在系统稳定的前提下，提升系统的可观可控性，同时又降低系统成本是一个很大的挑战。第三，字节跳动还处于相对高速发展的阶段，要求系统能够更好地支持业务迭代与发展。

2018年，字节跳动开启了基础架构2.0的演进，基本特征就是从"跟随业务"向"源于业务而高于业务""源于业务而先于业务"的方向发展，希望架构能够为业务提供更好的支撑。字节跳动基础架构负责人梁宇明曾经对这次调整的核心工作进行过较为详细的阐释：首先，从组织结构上，字节跳动将在线的基础架构与离线的基础架构融合为一个团队。整合后的基础架构提供了横跨离线在线的存储、计算、研发体系这三大基础设施，成为支撑今日头条、抖音、飞书等所有产品线的共同底座。其次，从技术体系上，字节跳动针对存储、计算和研发这三大基础架构的组成体系进行了相应的优化与升级。再次,从合作流程上,优化后的基础架构有相对完善的长期规划、中期目标、短期执行管理机制,同时最大限度地将架构的信息同步给业务方——在一个业务急速变化、团队规模快速成长的团队中,增强信息同步、减少信息不对称对于增强互信、推进合作有着非常重要的意义。这次演进,使得字节跳动的基础架构能够更好地支持业务快速迭代,也实现了体系结构的持续升级换代。

2. 推进中台BP化,实现对内对外赋能

除了基础架构的演进,字节跳动也在持续加强数据中台的建设。2014年前后,字节跳动在A/B测试的基础上开发了数据洞察平台风神,之后,其数据集成、数据分析和数据治理等功能也相继成熟。到2019年,数据平台基本需求的建设已经不再是重点,字节跳动对数据能力的追求开始向用户(指内部数据用户)体验和业务赋能方向探索,并且启动了数据治理体系的建设。2020年,字节跳动开始思考数据能力的商业化,推动业务赋能的场景化落地,并将中台服务的开放作为重点。

在通过数据中台为自身业务赋能的过程中,字节跳动强调"平台提供服务能力,而不是平台能力",并启动了数据的BP(business partner)化。一方面让中台向下兼容底层数据各项能力,组织业务场景;另一方面让中台向上对业务前台、业务中台、职能中台和技术中台输出解决方案。数据中台通过对画像体系、业务数据、基础数据和公共数据的汇总和处理,逐层递进,最终完成A/B Test、BI平台、C/B端应用。总体来说,是让数据中台完成数据生产、数据产品建设、数据治理与运营、服务指标量化等工作,实现深度服务业务的目标。完善了系统架构与数据中台,字节跳动有了更强的数据能力,也更好地实现了"用数据驱动"的理念。字节跳动在业务中台上设立了技术、用户增长和商业化三个部门。其中,技术部门被分为算法平台组、互娱组、产品技术组和垂直产品组。算法平台组提供最基础的推荐技术,是"头条系"产品崛起的内核。

2020年6月22日,火山引擎正式上线,正式将字节跳动的中台能力对外输出。目前,火山引擎为客户提供智能应用、技术中台、统一基础服务三大类产品,新零售、汽车、金融、文旅和泛互联网五个行业的解决方案。正如字节跳动副总裁杨震原所说,通过开放技术团队"让后卫变前锋",从而加强对团队的锻炼。目前,字节跳动将to B的服务作为重点战略之一,希望通过大数据、人工智能等技术服务企业级客户。不过,与常规的数据中台建设路线不同,字节跳动是直接面向应用搭建数据中台,从对用户、数据的分析和理解入手,反过来研发相关的治理、集成工具。这样的做法目的性更强,能更早发挥数据的价值。因此,火山引擎也将这样的能力开放出去,直接提供SaaS和PaaS服务,更符合大部分企业用户的需求。

二、深耕算法,营造优质内容生态

由于将自身定义为技术公司而非媒体公司,字节跳动在早期的扩张过程中更关注商业化发展,忽视了价值观的引导,导致公司一度深陷舆论旋涡。今天,对于内容的监管和治理成为公司发展的重中之重,字节跳动正凭借多年来深耕数据算法领域的经验,推动优质内容生态的搭建,加强企业责任和社会责任。

1. 不断优化算法驱动力,满足用户内容需求

作为字节跳动的发家利器,推荐算法几乎应用在其所有产品线中。在不断优化数据算法的过程中,字节跳动尝试从多方面入手推动优质内容传播,满足用户的内容需求。

一方面,字节跳动的算法从用户角度出发,力图实现内容的"按需推荐"。所以,字节跳动的推荐模型以用户偏好和行为为基础,推荐系统以内容分析和用户标签为基础,从用户特征、

环境特征、内容特征三个维度来进行分析,拟合出"用户对内容的满意度函数",实现用户与内容的精准匹配。其中,内容分析包括文本分析、图片分析和视频分析。文本分析一方面用于协助构建用户兴趣模型,另一方面则实现文章标签与用户标签的匹配。在用户标签体系中,除了对用户本身人口信息、行为信息、兴趣信息的关注之外,字节跳动还利用过滤噪声、热点惩罚、时间衰减、惩罚展现等方式,来控制用户标签的更新。

另一方面,字节跳动的算法从内容创作者角度出发,力图提升内容的生产效率,从源头上保障高质量内容生产。具体来说,这种算法会体现在内容生产和内容分发两个层面。在生产层面,字节跳动旗下产品会根据自身的平台内容特点,确定相应的内容质量评估算法,评分较高的内容会获得更高的推荐权重,并在后续流量分配中获得更高的曝光。在内容分发层面,字节跳动中心化的流量分配机制使得内容初创作者和量级较大的账号站在同一起跑线上,赋予了内容质量本身更大的权重。以抖音平台为例,内容在经过双重审核之后会进入冷启动流量池曝光,系统根据账号权重分配千次曝光的初始流量池。根据完播率、点赞、关注、评论、分享等数据反馈,平台会将内容进行二次推荐,获得1000~5000次左右的流量。以此类推,第三次推荐将进入上万或几十万的流量池中。如果数据表现优异,平台以算法结合人工审核机制衡量内容是否上热门。

不过,字节跳动公共政策研究院在2019年时表示:算法的市场目标分为中短期目标和长期目标。其中,中短期目标是几个小时、一两天之内用户的兴趣匹配,是为了提升点击率和收藏、转发、评论等行为;长期目标是实现用户的稳定留存和活跃使用,需要更多地融入社会主流价值的引导,并且主动避免内容低质化带来的社会舆论和监管风险。很多时候,短期目标对实现长期目标并没有帮助,有时候反而起反作用。

2. 融合社会核心价值观,强化内容管控审核

算法设计的初衷显然不是提倡低俗化内容,但为何会导致这样的负面结果?字节跳动公共政策研究院在回应这一问题时,给出了三个原因:一是算法训练以海量数据为依托,而大量低质信息充斥网络;二是用户偏好的内容并不等于优质内容;三是算法工程师更关注匹配度的指标,缺乏媒介素养和社会价值意识。这三点在客观上导致了平台内容生态的低质化。因此,近年来,字节跳动将算法体系从商业化角度扭转过来,加强平台内容的社会价值导向从而强化对内容的管控。

首先,重视新闻传播伦理问题。一方面,综合分析用户行为和评论情感,打击标题党、黑稿谣言等劣质内容;另一方面,依托于机器学习,建立色情、低俗、谩骂等风险识别和过滤模型,通过风险内容识别技术和泛低质内容识别技术加强对违法违规信息的治理。此外,字节跳动推出灵犬反低俗模型3.0,基于算法模型按照"收集数据—标注样本—训练模型"的路径处理低俗内容,在AI训练中实现模型的自我进化。

其次,发挥内容把关作用。目前,信息平台对上百万篇网信部门的宣传报道指令、党报党刊要闻等正能量信息进行人工标注。同时,构建涵盖行业榜样、知识普惠、公益慈善、凡人善举等众多领域的正能量模型,基于正能量模型的训练加强主流价值信息的推荐。现阶段,平台对于新时代建设等主流价值内容的准确识别率超过93%,在此基础上,算法对识别出的文章进行1.5~2倍的加权推荐。总体来说,融入社会价值的算法体系促进内容生态向健康方向发展。

在优化算法价值观的规划中,字节跳动公共政策研究院表示,一要解决内容生产的低质化问题,压实社交平台、信息平台和创作者的社会责任,提升全体用户的道德素质和网络素养;二要实现社会价值融入算法设计,发挥对内容生产和传播的"奖优罚劣"把关作用,尽快迈向智能管网治网;三要防范算法黑箱的潜在风险,促进算法的透明化,这需要目标设定得公平正义和公开透明且算法原理科学,以实现正确的目标,在有人工训练的情况下,在社会价值指引下正确选取指标和行为特征,避免产生系统性偏见和歧视。

三、数据与算法赋能广告业务,实现营收长效增长

字节跳动的数据和算法,不仅赋能了内容方面的媒体业务,也赋能了营销方面的媒体业务。在2019引擎大会上,字节跳动发布了商业化营销服务品牌——巨量引擎,将今日头条、抖音短视频、火山小视频、西瓜视频、懂车帝、激萌Faceu、轻颜相机、穿山甲等产品的营销能力进行整合,同时联合众多流量、数据和内容方面的合作机构,主打为全球广告主提供综合的数字营销服务。2020年,字节跳动收入达2366亿元,其中广告收入达到了1830亿元,成为当之无愧的广告巨头。在"巨头"的背后,字节跳动的数据与技术能力,功不可没。正如巨量引擎在官网介绍中所写的那样:致力于让不分体量、地域的企业及个体,都能通过数字化技术激发创造、驱动生意,实现商业的可持续增长。"技术+"是巨量引擎的重要理念,也是字节跳动对营销的基本解读。

1. 从"内核搭建"到"流量发展",完成"跃迁"

巨量引擎虽然正式发布于2019年,但在字节跳动内部,其商业产品体系的搭建却最早能够追溯到2013年前后。巨量引擎商业产品中国区的负责人魏雯雯曾经将巨量引擎的成长分成三个阶段。

第一个阶段是2013—2017年,即内核搭建阶段。这个阶段,字节跳动从0开始,基于字节跳动的推荐算法内核,完整地搭建出了一套贯穿从客户到用户的商业信息分发全过程,以及客户在整个推广周期内全交易流程的商业产品体系。这是一套庞大的系统。它包含了整个巨量引擎商业产品围绕用户体验、交互效率、转化能力,再到人群识别、排序推荐的各个业务流程,还在其中建设了客户效率、素材创意、线索流转、效果度量等数百个模块。

2016年,在字节跳动"All in短视频"的战略推动下,火山小视频、抖音和西瓜视频相继上线,字节跳动从单产品发展为产品矩阵,并随产品爆发成为流量高地。此时,巨量引擎进入了第二个发展阶段,2017—2018年,即流量发展阶段。在这个阶段,信息流广告、开屏广告等产品上线,巨量引擎商业产品体系呈几何级增长,其技术开发的挑战也极大地增加,无论是广告形式、数据交互、营销工具还是效果闭环,技术的重要性日益凸显。

2019年开始,巨量引擎进入产品跃迁阶段,重心变为帮助营销生态中各角色提升效能。对此,魏雯雯认为:"营销的技术+时代,商业产品要做的就是背靠技术不断演进迭代,改变商业生态的方方面面,提升生态中营销效能总和。其中一个重要目标是'用技术驱动营销普惠'。"具体来说,巨量引擎通过6年的"修炼",在正式上线时具备了五大核心能力:产品创新力、创意助攻力、效果转化力、数据度量力和流量整合力。

2. "流量线"+"内容线",归于数据

从商业化的角度来看,字节跳动与企业之间的关联,聚焦于内容、流量和生意三个层面。在用户侧,将内容场转化为生活场,提升用户"获得感";在营销侧,将流量场转化为生意场,协同企业达成全局提效;通过服务用户与服务生意两大维度,为企业营销带来新生态、新视角与新机会。落在营销矩阵上,大致可以分为"流量线"和"内容线"。

从巨量引擎在2019年和2020年发布的两版营销图谱中,我们可以清晰地看到:无论是"流量线"还是"内容线",除了各个环节的工具支持之外,最终都将沉淀为数据。这就不得不提

第 3 章
电子商务技术基础

巨量引擎的云图平台。作为巨量引擎的一体式商业数据平台,巨量引擎营销科学服务生态负责人李家轩认为,云图是其营销科学的代表产品。依托海量数据沉淀、完善的内容理解技术、丰富的标签体系以及品牌资产方法论,云图2.0为品牌及代理商提供"洞察+度量+优化"的全链路数据解决方案。其不仅能为品牌在投放前提供包括人群圈选、内容创意策略指导、KOL媒介优选的全方位诊断,而且能在投放中实时指导调整投放策略,投放后评估度量投放价值,助力投放链路持续优化和提效,更能围绕5A人群运营、内容资产运营及阵地经营,释放营销长效价值。事实上,云图相当于巨量引擎的一个"数据中台"。在实际的开发布局中,云图将数据中台所需要的核心能力凝练成了两大部分:其一,洞察能力,即围绕着数据本身,进行数据挖掘、数据处理和机器学习的能力;其二,展示能力,即在机器完成对数据的洞察之后,将结果用便于理解的可视化形式展现出来。

3. 从"技术+"到"科学化",共建生态

在以"增长·GROWTH"为主题的"引擎大会2020"上,"技术+"的概念被提出,意指巨量引擎通过"技术+创意""技术+ROI""技术+洞察与度量""技术+工具链""技术+服务"等,实现"技术力量来赋能营销整个过程"的营销理念。"引擎大会2021"的会议主题为"THRIVE",巨量引擎商业产品将围绕"一体化、原生化、科学化"三大目标展开,实现从广告到生意的全局演进,通过构建巨量引擎生意经营体系、"CARES"新营销增长模型,全场景、全周期、全链条地护航企业成长,驱动生意新增长。这是巨量引擎营销理念从"技术+"到"科学化"的重要转折。

例如,在"技术+创意"中,巨量引擎推出了全方位创意服务平台——巨量创意,主打灵感、人才、技术、数据四大能力,帮助品牌同步实现精准化与规模化生产,在创意产出与前测、个性化创意派生和序列化创意触达、创意后验质量分析等方面均做到了数据化与智能化。截至2020年底,巨量创意平台日均创意视频产出量超过100万条。使用巨量创意平台自动生成微电影,制作效率能提升15倍,点击率平均提升25%,转化率平均提升61%,技术和工具已经成为创意的新引擎。

与此同时,巨量引擎也在积极开放自身的数据与技术平台,力图打造自身的营销生态。一方面,是巨量引擎旗下逐渐转型的穿山甲平台。2019年,穿山甲作为巨量引擎的秘密武器登台;2020年,穿山甲进行了品牌升级,以"全球开发者成长平台"的新定位面对接下来的商业挑战。这一次的转型,巨量引擎的各项顶尖能力将通过穿山甲这个行业窗口,遵循技术化、创新化、定制化的输出规则与开发者共享。具体而言,平台旨在通过产品和工具帮助开发者降低开发成本克服增长门槛;利用自身成熟的技术与经验提升买量变现效率;从研发、运营、投放到变现提供多场景稳定高效的产品矩阵,实现端到端的全链路产能增长。在"引擎大会2021"现场,巨量引擎产品高级副总裁周盛表示,公司将围绕四个方面全局发力让经营更进一步:流量与内容整合,全场景提效;营销与交易一体,深入经营体系;研究与实践合一,推动持续增长;合作与服务融合,升级生态能力。这其中不仅仅包括新产品的推出、技术能力的进一步优化,也包括对企业主的专门服务和第三方的更多合作。另一方面,巨量引擎也在引入新的合作伙伴,增强自身的行业影响力。例如,2021年6月,WPP中国与巨量引擎共同举办了深度业务交流会,双方就营销行业趋势、双方业务发展合作以及未来协同方向等多个方面进行了深入沟通和探讨,并宣布在"业务深化""科学技术""引领创新""能力共建"四个层面探索合作新模式,挖掘数字化新增长。

字节跳动被称为算法驱动的 App 工厂,算法这柄利剑既成就了字节跳动的迅速成长,却也给字节跳动带来了不小的发展陷阱。尽管字节跳动在发展过程中存在一些争议,但不可否认的是,其对于数据的理解、对于数据赋能内容和营销的思维十分值得媒体机构参考,对于国家层面提出的打造一批"形态多样、手段先进、具有竞争力"的新型主流媒体具有重要的借鉴意义。

资料来源:孔瑞琪,刘珊.字节跳动:算法赋能的引领者[J].国际品牌观察:媒介,2021(8):56-61.

3.1 internet 的概念与构成

3.1.1 internet 的起源与发展

因特网(Internet)是全世界最大的计算机网络,它起源于美国国防部高级研究计划局于 1968 年主持研制的用于支持军事研究的计算机实验网 ARPANET(阿帕网)。ARPANET 建网的初衷旨在帮助那些为美国军方工作的研究人员通过计算机交换信息,它的设计与实现是基于这样一种主导思想:网络要能够经得住故障的考验而维持正常工作,当网络的一部分因受攻击而失去作用时,网络的其他部分仍能维持正常通信。最初,网络开通时只有四个站点:斯坦福研究所(SRI)、加利福尼亚大学圣塔芭芭拉分校(UCSB)、加利福尼亚大学洛杉矶分校(UCLA)和犹他大学。ARPANET 不仅能提供各站点的可靠连接,而且在部分物理部件受损的情况下,仍能保持稳定,在网络的操作中可以不费力地增删节点。当时已经投入使用的许多通信网络运行不稳定,并且只能在相同类型的计算机之间才能可靠地工作,与其相比,ARPANET 则可以在不同类型的计算机间互相通信。

ARPANET 的两大贡献:①分组交换概念的提出;②产生了今天的互联网,即产生了互联网最基本的通信基础——传输控制协议/网际协议(TCP/IP)。

1985 年,美国国家科学基金会(National Science Foundation,NSF)为鼓励大学与研究机构共享他们非常昂贵的四台计算机主机,希望通过计算机网络把各大学与研究机构的计算机与这些巨型计算机连接起来,开始的时候,他们想用现成的 ARPANET,不过他们发觉与美国军方打交道不是一件容易的事情,于是他们决定利用 ARPANET 发展出来的叫作 TCP/IP 的通信协议自己出资建立名叫 NSFNET 的广域网,由于美国国家科学资金的鼓励和资助,许多大学、政府资助的研究机构,甚至私营的研究机构纷纷把自己的局域网并入 NSFNET。这样使 NSFNET 在 1986 年建成后取代了 ARPANET 成为 Internet 的主干网。

在 20 世纪 90 年代以前,Internet 由美国政府资助,主要供大学和研究机构使用,但近年来该网络商业用户数量日益增加,并逐渐从研究教育网络向商业网络过渡。

互联网在中国起步较晚。1986 年,中国科学院等一些科研单位,通过国际长途电话拨号到欧洲一些国家,进行国际联机数据库信息检索,开始初步接触互联网。1990 年,中科院高能所、北京计算机应用研究所、电子部华北计算所、石家庄 54 所等单位先后通过 X.25 网接入欧洲一些国家,实现了中国用户与互联网之间的电子邮件通信。1993 年,中科院高能所实现了与美国斯坦福线性加速中心(SLAC)的国际数据专用信道的互联。

1994 年中国互联网只有一个国际出口,300 多个入网用户,到 1998 年 7 月已发展到有 40

条国际出口线,国际线路的总容量为84.64Mbps。中国和国际网络互联的主要网络有中国教育和科研计算机网(CERNET)、中国科技网(CSTNET)、中国金桥信息网(ChinaGBN)以及中国公用计算机互联网(ChinaNET)。前两个网络以教育、科研服务为目的,属于非营利性质;后两个网络以商业经营为目的,所以又称为商业网。

《第49次中国互联网络发展状况统计报告》显示,截至2021年12月,我国网民规模达10.32亿,较2020年12月增长4296万,互联网普及率达73.0%。我国IPv4地址数量为39249万个,IPv6地址数量为63052块/32,IPv6活跃用户数达6.08亿;我国域名总数为3593万个,其中,".CN"域名数量为2041万个,占我国域名总数的56.8%;我国移动电话基站总数达996万个,互联网宽带接入端口数量达10.18亿个,光缆线路总长度达5488万千米。

3.1.2 internet的概念与特点

1. 概念

internet的中文名称为互联网。互联网是当今信息社会的一个巨大的信息宝藏。只要将自己的计算机连入互联网,便可以在这个信息资源宝库中漫游,例如,通过互联网收发邮件、打IP电话、与认识或不认识的人聊天,或通过网上图书馆查阅资料、下载资料、接受远程教育,通过互联网获知新闻、看电影、进行网上购物等。

互联网是一个以TCP/IP协议连接各个国家、地区、机构的计算机网络的数据通信网,它以数万个计算机网络、数千万台主机连接在一起,覆盖全球。

2. 特点

(1)开放。任何一台计算机只要支持TCP/IP协议就可以连接到互联网上,实现信息等资源的共享。

(2)自由。它是一个无国界的虚拟自由王国,在上面信息流动自由、用户言论自由、用户使用自由。

(3)合作。它是一个没有中心的自主式的开放组织,其发展强调的是资源共享和双赢发展的模式。

(4)交互。互联网作为平等自由的信息沟通平台,信息的流动和交互是双向的,信息沟通双方可以平等进行交互。

(5)虚拟。互联网的一个重要特点是它通过对信息的数字化处理,通过信息的流动来代替传统实物流动,使得互联网通过虚拟技术具有许多传统现实中才具有的功能。

(6)个性。互联网作为一个新的沟通虚拟社区,它可以鲜明突出个人的特色。只有有特色的信息和服务,才可能在互联网上不被信息的海洋所淹没,互联网引导的是个性化的时代。

(7)全球。互联网从一开始商业化运作,就表现出无国界性,信息流动是自由的、无限制的。因此,互联网从一诞生就是全球性的产物,当然全球化同时并不排除本地化。

(8)持续。互联网是一个飞速旋转的涡轮,它的发展是持续的,今天的发展给用户带来价值,推动着用户寻求进一步发展带来更多的价值。

3.1.3 internet的构成(OSI)

人们很早就意识到计算机网络是一个极为庞大的复杂系统,为了能让其解决具体应用问题,采用了"分而治之"的聪明策略,即按照功能划分出不同的层次,每个层次间相互依存、逐级支持。这样构成的系统具有健壮、灵活和扩充性强等优点。

网络通信是一个相当复杂的系统工程,特别是当网络规模过大时,这个问题就显得尤为突出。国际标准化组织(ISO)定义的开放系统互联七层模型(OSI网络七层模型)是为了解决异构网络互联时所遇到的兼容性问题,是网络技术入门的敲门砖,也是分析、评价网络技术的依据之一。OSI七层模型包括物理层、数据链路层、网络层、传输层、会话层、表示层和应用层。

物理层是OSI的第一层,是整个开放系统的基础,它为设备之间的数据通信提供了传输媒体及互联设备,为数据传输提供了可靠的环境。

数据链路层提供了一条行之有效的数据通道。它不同于物理层建立的长期媒质连接,而是探讨有生存期的实际数据链路。数据链路的建立、拆除、数据检错和纠错等是其基本工作。在数据链路层中,数据的传送单位称作帧。

网络层的引入使得网络中任何一对节点系统间都可以相互沟通。具体来说,网络层是用来建立网络连接和为上层提供服务的。

传输层存在于通信子网以外的主机中,通过分流/合流、复用/解复用等技术来调节异构通信子网的差异性,辅助网络层工作,为会话层提供标准化的处理环境。它可以处理一些网络层出现的错误。在传输层中,信息的传送单位称作报文。

会话层提供的服务可建立和维持会话,并能使会话获得同步。

表示层的出现是为了对数据的表示取得一致性。它可以为节点间通信提供一种公共语言,以便不同的计算机体能进行互操作。

应用层向应用程序提供服务。在互联网上之所以能传输文件、收发邮件、浏览web页面等主要应该归功于应用层。

OSI网络七层模型如图3-1所示。

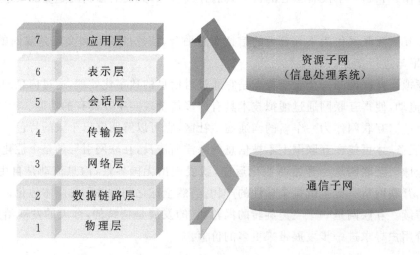

图3-1　OSI网络七层模型

3.2 internet 服务

3.2.1 电子邮件(E-mail)

电子邮件是一种用电子手段提供信息交换的通信方式,是互联网应用最广的服务。通过网络的电子邮件系统,用户可以以非常低廉的价格(不管发送到哪里,都只需负担网费)、非常快速的方式(几秒钟之内可以发送到世界上任何指定的目的地),与世界上任何一个角落的网络用户联系。与传统信函相比,电子邮件有如下特点:

(1)成本低廉。例如,与发一份国际传真或打一次国际电话相比,一封电子邮件的成本可以忽略不计。

(2)速度快。寄一封信需几天时间,而发一封电子邮件到世界上任何地方仅需几秒钟。

(3)可传送多媒体信息。可以将声音、图片、图像、程序等压缩后用电子邮件传送。

(4)广泛的交流对象。可以将同一邮件同时转发给多个收件人。此外,如果由于某种原因电子邮件没有传送到收件人手中,那么邮件系统会将邮件退回,并给出退回的原因。

(5)便于管理。电子文档便于整理、修改、归档。

3.2.2 远程登录(Telnet)

Telnet 协议是 TCP/IP 协议的一部分,它定义了远程登录客户机与远程登录服务器之间的交互过程。Telnet 是一个独立的程序,其文件名为 Telnet.exe,可以在本地运行 Telnet,访问远程计算机。在远程计算机上登录执行命令,如同在本地登录执行命令一样。

远程登录有两种形式:第一种是远程主机有自己的账号,可以用自己的账号和口令访问远程主机;第二种形式是匿名登录,一般互联网上的主机都为公众提供一个公共账号,不设口令。大多数计算机仅需输入"guest"即可登录到远程计算机上。这种形式在使用权限上受到一定的限制。

3.2.3 文件传输协议(FTP)

文件传输协议(file transfer protocol,FTP)是互联网上最广泛的应用之一,是专门为简化网络计算机之间的文件存取而设计的。借助于 FTP,用户可以在远程计算机上查看目录中的内容,从远程计算机上取回文件,也可以将文件放到远程计算机上。这一点与 Telnet 不同,Telnet 只能取回文件,一般不设上传文件的功能。FTP 非常适合于传输大量文件,例如地质、天文、气象等部门的文件。

FTP 服务器是一个很大的免费软件仓库,其使用与 Telnet 一样,有两种方式:一种是在远程主机上有账号和口令;另一种是匿名登录,利用公共账号"guest"登录。

3.2.4 万维网服务(WWW)

万维网(the world wide web,WWW)简称3W,又称环球信息网。它是用于在互联网上查询和浏览各种信息的一种超文本浏览器。万维网通过安装在客户端的浏览器访问 web 服务器上的内容资源,每个资源都有一个"统一资源定位符"(URI),并通过互联网以超文本传输协议(HTTP)的方式传送给用户。万维网是互联网的一个应用。

3.3 TCP/IP 协议

3.3.1 TCP/IP 的概念

TCP/IP 协议是 internet 的最基本协议,其英文名称是 transmission control protocol/internet protocol,其中传输控制协议(TCP)和网际协议(IP)是最核心的两个协议。internet 的其他网络协议都要用到这两个协议提供的功能,因而人们称整个 internet 协议为 TCP/IP 协议族,或简称为 TCP/IP 协议。

1. 网际协议

internet 上使用的一个关键的网络层协议是网际协议。利用这个共同遵守的通信协议,internet 成为一个允许连接不同类型的计算机和不同操作系统的网络。要使两台计算机彼此之间进行通信,必须使两台计算机使用同一种"语言"。通信协议正像两台计算机交换信息所使用的共同语言,它规定了通信双方在通信中所应共同遵守的约定。

计算机的通信协议精确地定义了计算机在彼此通信过程的所有细节。例如,每台计算机发送的信息格式和含义,在什么情况下应发送规定的特殊信息,以及接收方的计算机应做出哪些应答,等等。

网际协议提供了能适应各种各样网络硬件的灵活性,对底层网络硬件几乎没有任何要求,任何一个网络只要可以从一个地点向另一个地点传送二进制数据,就可以使用网际协议加入 internet 了。如果希望能在 internet 上进行交流和通信,则每台连上 internet 的计算机都必须遵守网际协议。为此,使用 internet 的每台计算机都必须运行 IP 的相关软件,以便时刻准备发送或接收信息。

网际协议对于网络通信有着重要的意义:网络中的计算机安装了 IP 软件,就使许许多多的局域网络构成了一个庞大而又严密的通信系统,从而使 internet 看起来好像是真实存在的,但实际上它是一种边界并不存在的动态可变的网络,只不过是利用网际协议把全世界所有愿意接入 internet 的计算机局域网络连接起来,使得它们彼此之间都能够通信。

2. 传输控制协议

尽管计算机通过安装支持 IP 的软件保证了计算机之间可以发送和接收数据,但网际协议还不能解决数据分组在传输过程中可能出现的问题。因此,若要解决可能出现的问题,连上 internet 的计算机还需要安装传输控制协议来提供可靠的并且无差错的通信服务。

传输控制协议是一种端对端协议。它对两台计算机之间的连接起了重要作用。当一台计算机需要与另一台远程计算机连接时,传输控制协议会让它们建立一个连接、发送和接收数据以及终止的连接。

传输控制协议利用重发技术和拥塞控制机制,向应用程序提供可靠的通信连接,使它能够自动适应网上的各种变化。即使在 internet 暂时出现堵塞的情况下,传输控制协议也能够保证通信的可靠性。

众所周知,internet 是个庞大的国际性网络,网络上的拥挤和空闲时间总是交替不定的,加上传送的距离也远近不同,所以传输数据所用时间也会变化不定。传输控制协议具有自动调整"超时值"的功能,能很好地适应 internet 上各种各样的变化,确保传输数值的正确。

从上面我们可以了解到,网际协议只保证计算机能发送和接收分组数据,而传输控制协议能够提供一个可靠的、可流控的、全双工的信息流传输服务。

综上所述,虽然 IP 和 TCP 这两个协议的功能不尽相同,也可以分开单独使用,但它们是在同一时期作为一个整体来设计的,并且在功能上也是互补的。只有两者结合,才能保证 internet 在复杂的环境下正常运行。凡是要连接到 internet 的计算机,都必须同时安装和使用这两个协议,因此在实际中常把这两个协议统称作 TCP/IP。

3.3.2　TCP/IP 的分层结构

在 TCP/IP 协议的 IP 层使用的标识符叫作 internet 地址或 IP 地址。

internet 是全世界范围内的计算机联为一体而构成的通信网络的总称。连在某个网络上的两台计算机之间在相互通信时,为了能知道接收方和发送方在互联网上的位置,在它们所传送的数据包里就会含有某些附加信息,这些附加信息就是发送数据的计算机的地址和接收数据的计算机的地址。

人们为了通信的方便给每一台计算机都事先分配一个类似我们日常生活中的电话号码一样的标识地址,该标识地址就是 IP 地址。根据 TCP/IP 协议规定,IP 地址由 32 位二进制数组成,而且在 internet 范围内是唯一的。例如,某台连在 internet 上的计算机的 IP 地址为:11010010 01001001 10001100 00000010,很明显,这些数字对于人们来说不太好记忆。为了方便记忆,就将组成计算机的 IP 地址的 32 位二进制分成四段,每段 8 位,中间用小数点隔开,然后将每八位二进制转换成十进制数,这样上述计算机的 IP 地址就变成:210.73.140.2。

网络标识符分 A、B、C 三类。不同的网络类型,其网络标识符和主机标识符的长度不同。

A 类网络的 IP 地址:网络标识符用 8 位二进制表示,且第一位为 0;主机标识符用 24 位二进制表示,如图 3-2 所示。

图 3-2　A 类网络的 IP 地址

B 类网络的 IP 地址:网络标识符用 16 位二进制表示,且前两位分别为 1 和 0;主机标识符用 16 位二进制表示,如图 3-3 所示。

图 3-3　B 类网络的 IP 地址

C 类网络的 IP 地址:网络标识符用 24 位二进制表示,且前三位分别为 1、1、0;主机标识符用 8 位二进制表示,如图 3-4 所示。

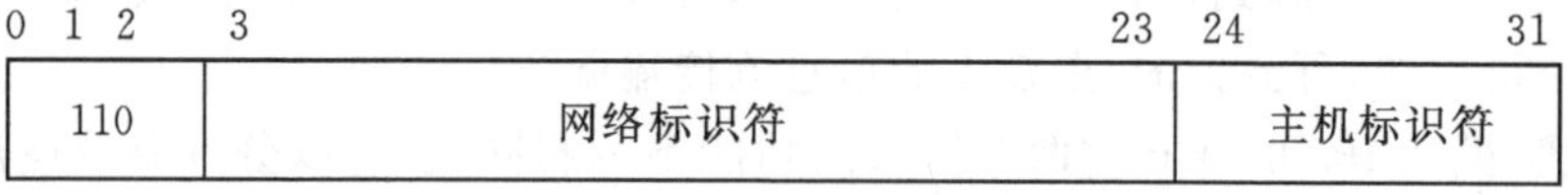

```
0 1 2  3                                      23 24              31
```
| 110 | 网络标识符 | 主机标识符 |

图 3-4 C 类网络的 IP 地址

这三类 IP 地址的容量如表 3-1 所示。

表 3-1 三类 IP 地址的容量

网络类	网络标识符个数	主机标识符个数
A 类	127	16387064
B 类	16256	64516
C 类	2024612	254
合计	200 多万个	36 亿多台

▶ 3.3.3 TCP/IP 的工作原理

在使用网际协议传输数据之前，需要格式化数据，即把要传输的数据分成一系列固定长度的数据段(最长 65535 字节)，并在这些数据段前面加上用于传输控制的信息，称为"包头"。每个 IP 包头包含源地址(发送方主机的 IP 地址)和目的地址(接收方主机的 IP 地址)等控制信息。包头和数据段组成 IP 数据包，也称为"报文"，作为基本的数据传输单元。

网际协议的主要功能是检验 IP 包头的正确性，并按照目的地址，选择传送路径和进行差错处理。网际协议根据 IP 数据包头的源地址和目的地址传送数据包，不需要建立连接，也不管数据包的传输顺序和路由，在主机资源不足的情况下，它还可能丢弃某些数据包。所以，网际协议是不可靠的。

传输控制协议的作用是保证命令或数据能够正确无误地传输到其目的主机。其工作原理可以描述为：在与对方进行数据传输前，首先通过"三次握手法"建立与对方的 TCP 逻辑链路，然后通过该链路传输数据包，并保持对所发出数据包的跟踪，对没有到达目的地的数据包重新传输。这种传输方式保证了传输的数据包按顺序收发，无重复和遗漏。由于传输控制协议采取了确认、超时重发、流量控制等多种保证可靠性的技术和措施，实现了高可靠性的数据传输，可用于传输准确度要求很高的传输服务，如软件下载等。

3.4 域名的申请与管理

▶ 3.4.1 域名的概念和重要性

1. 域名的概念

IP 地址虽然可以唯一标识网上主机的地址，但用户记忆数以万计的用数字表示的主机地址十分困难。若能用代表一定含义的字符串来表示主机地址，用户就比较容易记忆了。为此，互联网提供了一种域名系统(domain name system，DNS)，为主机分配一个由多个部分组成的域名。

域名在整个互联网中是唯一的,具有世界唯一性,域名注册机构保证全球范围内没有重复的域名。全球任何一个互联网用户只要知道企业的域名,就可以立即访问这个企业的网站,所以说,域名是企业在互联网上的门牌号码。

所谓域名,是指一种基于 IP 地址的层次化主机命名方式,是互联网上的一个服务器或一个网络系统的名字。从技术角度来说,域名用于解决 IP 地址不易记忆的问题;从管理角度来说,层次化的域名体系使 IP 地址的使用更有秩序、易管理,是比 IP 地址更高级的地址形式;从商业角度来说,域名是企业在互联网上的商标,是企业的无形资产。

域名采用层次树状结构的命名方法,各部分之间用圆点"."隔开。它的层次从左到右,逐级升高,其一般格式为:计算机名.组织机构名.二级域名.顶级域名。

最右边是一级域或顶级域。顶级域名分为三类,分别是地理顶级域名、类别顶级域名和新顶级域名。地理顶级域名为国家或地区的代码,例如,我国为 cn,英国为 un。类别顶级域名主要有:

① .int 国际组织;
② .com 工商、金融等企业;
③ .net 互联网络、接入网络的信息中心(NIC)和运行中心(NOC);
④ .org 各种非营利性组织;
⑤ .edu 教育机构;
⑥ .gov 政府部门;
⑦ .mil 军事机构。
⑧ .aero 航空运输业专用;
⑨ .biz 商业公司(可以替代.com);
⑩ .info 提供信息服务的企业(可以替代 net);
⑪ .coop 商业合作社;
⑫ .museum 博物馆;
⑬ .name 个人网站;
⑭ .pro 医生、律师、会计师等专业人员。

2. 域名的重要性

近年来,我国大量知名企业、驰名商标和其他特定称谓的国际互联网络域名已被他人抢先注册。而目前仍有相当多的企业尚没有认识到自己企业域名的珍贵性,对本应属于自己的域名已被他人注册的事还全然不知。

一个企业如果想在互联网上出现,只有通过注册域名,才能在互联网里确立自己的一席之地。由于国际域名在全世界是统一注册的,因此在全世界范围内,如果一个域名被注册,其他任何机构都无权再注册相同的域名。所以,虽然域名是网络中的概念,但它已经具有类似于产品的商标和企业的标识物的作用。

3.4.2 域名的申请

一般讲,中国企业可以注册两种类型的域名,一种是国际通用顶级域名,其格式为企业名称.com,由互联网名称与数字地址分配机构(ICANN)负责受理;另一种是中国的通用域名,即企业名称.com.cn 格式,".cn"表示中国,由中国互联网络信息中心(CNNIC)认证的注册服务机构受理(当然还有其他格式的域名)。应当说这两种域名,没有使用上的不同,只是国际上互联网应用的习惯及标准规定而已。

企业或个人用户要注册域名,可以向中国互联网络信息中心授权的注册服务机构去申请。通过注册服务机构申请注册域名的操作步骤如下。

(1)打开中国互联网络信息中心的主页,如图3-5所示。网址为http://www.cnnic.net.cn。

图3-5 CNNIC的主页

(2)单击主页中的"CN我要注册",出现如图3-6所示的页面,了解CN域名注册服务体系说明。

图3-6 CN域名注册服务体系说明

(3) 在图 3-5 所示界面中单击"CN 注册服务机构",进入 CN 域名注册服务机构查询界面。

(4) 企业可以根据自己的喜好,选择一家机构申请注册自己的域名。此处选择位于北京的阿里云计算有限公司(万网),进入如图 3-7 所示的主页。

图 3-7 万网主页

(5) 在"查询域名"栏中输入企业想申请注册的域名,并单击旁边的"查询域名"按钮。域名注册系统在数据库中查找该域名是否已经存在。如该域名已被注册,则提示申请者域名已存在,并可以查看域名的相关信息,以便用户及时了解该域名的动态;否则会提示该域名是没有被注册的域名,可以注册,如图 3-8 所示。

图 3-8 域名查询

(6) 单击"加入清单"按钮,用户可以选择域名注册的年限和域名所有者的类型。选择了购买年限和域名所有者的类型之后,可以点击"提交"按钮,进入"信息填写"页面。填写域名注册的信息包括的项目很多,如申请人的中英文姓名、企业的中英文名称、公司地址、联系电话、传真、电子邮件地址、邮编号及联系人姓名等,申请者可根据表单中的提示信息进行填写。

(7) 将申请注册表单中的各项填写完毕,检查无误后,单击"提交"按钮,会进入支付方式选择页面,结算后,可以进入阿里云的会员管理页面对已付款进行管理。

注册域名申请提交并经机器审查合格后,会给申请者发一封电子邮件,通知注册成功。如审查有问题,也会以电子邮件的形式通知申请人。至此,企业域名的申请过程结束。

3.4.3 申请域名的注意事项

域名不仅是企业的网络商标,也是人们在网上查找的依据之一,可以说,拥有一个好的域名意味着成功了一半。

选择一个好的域名一般应遵循以下原则:

(1)选择简短、切题、易记的域名。选择一个简短、切题、易记的域名是网站成功的重要因素之一,这种域名往往会给用户留下深刻的印象。如中国网注册的域名为www.china.com.cn,中央电视台的域名为www.cctv.com。网易采用数字化域名,更是煞费苦心,网易认为:英语并非中国的母语,对绝大多数人讲,用英文做域名不容易记忆,唯有数字简单好记,无论用电话传达或信件传达都不易混乱。所以网易就一口气注册了163、263、126、127、188、990等多个域名。

(2)选择与本公司密切相关的域名。按照习惯,一般应使用企业的名称或商标作为域名,也可选择与企业广告语一致的中英文内容作为域名,但注意不能超过63个字符。如果企业有多个很有价值的商标,都应进行注册保护。企业也可选择自己的产品或行业类型作为域名。

一个好的域名应该与企业的性质、企业的名称、企业的商标及企业平时的宣传一致,这样的域名易记易找,也能成为网络上的"活广告",无形中宣传了企业形象,保护了企业利益。

3.4.4 域名管理

计算机的地址可以用域名,也可以用IP地址,作用是一样的。人们习惯记忆域名,但机器间互相只认IP地址,它们之间的转换工作称为域名解析,域名解析需要由专门的域名服务器(domain name sever,DNS)来完成。

域名服务器上装有将域名解释为IP地址所需要的软件和数据,整个过程是自动进行的。每一个网段上都有域名服务器,它负责本网段用户需要的域名转换工作。当它不知道时,可向上级域名服务器查询。所以域名系统是一个分布式数据库系统,可根据部门逐级查,最后可查出该域名的IP地址。

3.5 电子商务网站建设

3.5.1 网站分析与设计

网站是企业向用户和网民提供信息(包括产品和服务)的一种方式,是企业开展电子商务的基础设施和信息平台。当企业建立自己的网站时,网站的规划将贯穿着网站建设的整个过程,是网站建设中最重要的环节。

网站规划应遵循以下几个原则。

1. 目的性和用户需求原则

电子商务网站的设计是展现企业形象、介绍产品和服务、体现企业发展战略的重要途径,因此必须掌握目标市场的情况,受众群体是否喜欢新技术,需求范围,受教育的程度是否较高,是否经常上网等,从而做出切实可行的设计计划。要根据消费者的需求、市场的状况、企业自身的情况等进行综合分析,牢记以"消费者"为中心,而不是以"美术"为中心进行设计规划。

电子商务网站建设的目的应该经过成熟考虑,其主要包含以下几点。

(1)目的性定义明确。目的性定义应该是明确的,而不是笼统地说要做一个平台、要搞电子商务,应该清楚主要希望谁来浏览,具体要做到哪些内容,提供怎样的服务,达到什么效果等。

(2)从实际出发。电子商务网站的规划应该从实际出发,是在当前的资源环境下能够实现的,而不能脱离了自身的人力、物力、互联网基础以及整个外部环境等因素盲目制定目标,尤其是对外部环境的考虑通常容易被忽略,结果只能成为美好的一厢情愿。

(3)主次分明循序渐进。如果电子商务网站建设的目标比较庞大,就应该充分考虑各部分的轻重关系和实现的难易程度,想要一步登天的做法通常会导致投入过大且缺少头绪,不如分清主次循序渐进。

2. 总体设计方案主题鲜明原则

在目的明确的基础上,完成电子商务网站的构思创意即总体设计方案。对网站的整体风格和特色做出定位,规划网站的组织结构。

电子商务网站应针对所服务对象(机构或人)的不同而具有不同的类型,大致可以分为以下几种。

(1)基本信息型。主要面向用户、业界人士或者普通浏览者,以介绍企业的基本资料、帮助树立企业形象为主,也可以适当提供行业内的新闻或者知识信息。

(2)电子商务型。主要面向供应商、用户或者企业产品(服务)的消费群体,以提供某种直属于企业业务范围的服务或交易,或者以为业务服务的服务或者交易为主。这样的网站可以说正处于电子商务化的一个中间阶段,由于行业特色和企业投入的深度广度的不同,其电子商务化程度可能处于从比较初级的服务支持、产品列表到比较高级的网上支付的其中某一阶段。

(3)多媒体广告型。主要面向用户或者企业产品(服务)的消费群体,以宣传企业的核心品牌形象或者主要产品(服务)为主。这种类型无论从目的上还是实际表现手法上相对于普通网站而言更像一个平面广告或者电视广告。

在实际应用中,很多网站往往不能简单地归为某一种类型,无论是建站目的还是表现形式都可能涵盖了两种或两种以上类型。不管属于哪种类型的电子商务网站,都要做到主题鲜明突出,要点明确,以简单明确的语言和画面体现网站的主题,调动一切手段充分表现网站的个性和情趣,办出电子商务网站的特点。

电子商务网站主页应具备的基本成分包括:

① 页头,准确无误地标识站点和企业标志;

② 联系信息,如普通邮件地址或电话;

③ 版权信息,声明版权所有者等。

3. 企业专业特性介绍的原则

(1)对外介绍专业信息。对外介绍企业自身,最主要的目的是向外界介绍企业的业务范围、性质和实力,从而创造更多的商机。在介绍专业信息时应注意以下几点。

①应该完整无误地表述企业的业务范围(产品、服务)及主次关系；

②应该完备地介绍企业的地址、性质、反馈信息；

③应该提供企业的年度报表,这将有助于浏览者了解企业的经营状况、方针和实力；

④如果是上市企业,应该提供企业的股票市值或者到专门财经网站的链接,这将有助于浏览者了解企业的实力。

(2)对内提供信息服务。对内提供信息服务时,应该注意以下几点。

①信息的全面性。对所在行业的相关知识、信息的涵盖范围应该全面,尽管内容本身不必做得百分百全面。

②信息的专业性。所提供的信息应该是专业的、科学的并有说服力的。

③信息的时效性。所提供的信息必须至少是没有失效的,这保证了信息是有用的。

④信息的独创性。具有原创性、独创性的内容更能引起重视并得到认可,有助于提升浏览者对企业本身的印象。

4. 网站版式设计原则

网页设计作为一种视觉语言,要讲究编排和布局,虽然主页的设计不等同于平面设计,但它们有许多相近之处,应充分加以利用和借鉴。

版式设计通过文字图形的空间组合,表达出和谐与美。一个优秀的网页设计者应该知道哪一段文字或图像该落于何处,才能使整个网页生辉。多页面站点中页面的编排设计要求把页面之间的有机联系反映出来,特别要处理好页面之间和页面内的秩序与内容的关系。为了达到最佳的视觉表现效果,应讲究整体布局的合理性,使浏览者有一个流畅的视觉体验。

色彩是艺术表现的要素之一。在网页设计中,根据和谐、均衡和重点突出的原则,将不同的色彩进行组合、搭配来构成美丽的页面。根据色彩对人们心理的影响,合理地加以运用；按照色彩的记忆性原则来运用,一般暖色较冷色的记忆性强。色彩还具有联想与象征的作用,如红色象征血、太阳,蓝色象征大海、天空和水面等。

网页的颜色应用并没有数量的限制,但不能毫无节制地运用多种颜色,一般情况下,先根据总体风格的要求定出一至两种主色调,有CIS(企业形象识别系统)的更应该按照其中的VI(视觉识别系统)进行色彩运用。在色彩的运用过程中,还应注意的一个问题是：由于国家和种族、宗教和信仰的不同,以及生活的地理位置、文化修养的差异等,不同的人群对色彩的喜恶程度有着很大的差异。例如,儿童喜欢对比强烈、个性鲜明的纯颜色,生活在草原上的人喜欢红色,生活在闹市中的人喜欢淡雅的颜色,生活在沙漠中的人喜欢绿色等。因此,在设计中要考虑主要读者群的背景和构成。

5. 网页形式与内容相统一原则

要将丰富的意义和多样的形式组织成统一的页面结构,形式语言必须符合页面的内容,体现内容的丰富含义。运用对比与调和、对称与平衡、节奏与韵律以及留白等手段,通过空间、文字、图形之间的相互关系建立整体的均衡状态,产生和谐的美感。例如,对称原则在页面设计中,它的均衡有时会使页面显得呆板,但如果加入一些富有动感的文字、图案,或采用夸张的手法来表现内容往往会达到比较好的效果。点、线、面作为视觉语言中的基本元素,要使用点、线、面互相穿插、互相衬托、互相补充构成最佳的页面效果。网页设计中点、线、面的运用并不是孤立的,很多时候都需要将它们结合起来,表达完美的设计意境。

6. 实用性功能服务应切合实际需要原则

网站提供的功能服务应该是切合浏览者实际需求的且符合企业特点的。例如,网上银行提供免费电子邮件和个人主页空间就既不符合浏览者对网上银行网站的需求也不是银行的优势,这样的功能服务提供不但会削弱浏览者对网站的整体印象,还浪费了企业的资源投入,有弊无利。

因此,网站提供的功能服务必须保证质量,并且还应注意以下几点。

(1)每个服务必须有定义清晰的流程,每个步骤需要什么条件、产生什么结果、由谁来操作、如何实现等都应该是清晰无误的。

(2)实现功能服务的程序必须是正确的、防错的、能够及时响应的、能够应付预想的同时请求服务数峰值的。

(3)需要人工操作的功能服务应该设有常备人员和相应责权制度。

(4)用户操作的每一个步骤(无论正确与否)完成后应该被提示当前处于什么状态。

(5)服务成功递交以后的响应时间通常不应超过整个服务周期的10%。

(6)当功能较多的时候应该清楚地定义相互之间的轻重关系,并在界面上和服务响应上加以体现。

3.5.2 软硬件环境的选择

任何一个电子商务网站的运行平台都必须在一定的计算机、网络设备硬件和应用软件的基础上。从逻辑上看,如果一个电子商务运行平台相关的硬件、软件、开发维护和提供的资源信息都抽象为逻辑部件,那么,一个电子商务网站要能够正常运行,必须包括计算机、网络接入设备、防火墙、web服务器、应用服务器、操作系统、数据存储系统等,如图3-9所示。

1. 网络接入部分

网络接入部分主要是指 internet 的接入设备,包括路由器、调制解调器、防火墙、防病毒墙等。其中路由器设备是网站对外服务的关键组成部分,在线路宽带足够大的情况下,它决定着网站对外服务的带宽。

2. 数据存储部分

数据存储部分主要是指用来保存大量数据的设备。我们知道建立一个网站需要大量的数据作为基础,丰富的资讯需要有大型的数据存储系统来支持。数据存储部分不仅需要有海量存储能力和高速搜索能力,还要有一整套数据采集、制作加工、组织存储和发布等功能。目前,用来储存数据的设备有磁盘阵列、光盘存储设备、磁带存储设备、移动存储设备等。

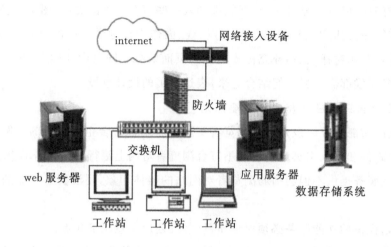

图 3-9 电子商务网站平台的构成

3. 工作站部分

工作站部分主要是用户访问网络共享资源的窗口,一般是在一台普通计算机上安装网卡和网络工作站软件。工作站微机可根据工作站处理任务的要求配置,通常应包括主机、显示器、键盘、鼠标、磁盘(软盘和硬盘)、光驱、音响等外设。有时出于网络安全或成本考虑,工作站可不配磁盘,构成"无盘工作站"。

4. 服务器部分

服务器部分主要是指用来提供各种 WWW、E-mail、FTP、新闻组、数据库等服务的计算机硬件设备,它是一切应用服务软件、商务应用软件运行的硬件基础。在网络系统中,一些计算机或设备应其他计算机的请求而提供服务,使其他计算机通过它共享系统资源,这样的计算机或设备称为网络服务器。服务器有保存文件、打印文档、协调电子邮件和群件、能根据需要配置成各种专业服务器等功能。

传统服务器大致可以分为四类:

(1)设备服务器,主要为其他用户提供共享设备;

(2)通信服务器,是在网络系统中提供数据交换的服务器;

(3)管理服务器,主要为用户提供管理方面服务;

(4)数据库服务器,是为用户提供各种数据库服务的服务器。

由于服务器是网络的核心,大多数网络活动都要与其通信,因此它的速度必须足够快,以便对客户机的请求做出快速响应;而且它要有足够的容量,可以在保存文件的同时为多名用户执行任务。所以,服务器常常配置高性能的 CPU、磁盘控制器及大容量内存和磁盘。在服务器中安装的网络操作系统除提供网络服务功能外,还由于服务器中保存了网络里的许多数据,所以能方便地完成大量任务,例如,管理用户、安全防护、集中许可、数据保护、多任务和多处理器(机)等任务都应由服务器操作系统完成。所以,从硬件的角度来讲,服务器可由大型机、中型机、小型机甚至微机来担任,这要根据服务器的访问量和用途以及要求来决定。从软件角度来讲,根据服务器所提供的服务,在 internet 服务中,可以有 WWW 服务器、邮件服务器、FTP 服务器、BBS 服务器、媒体服务器等各种应用型服务器。

3.5.3 网站内容建设

一般来说,在电子商务网站的内容设计过程中,企业应首先成立网站开发小组,然后由小组内的设计人员和开发人员共同确定网站的基本要求和主要功能。

电子商务网站的内容设计流程一般要经过如下步骤,如图 3-10 所示。

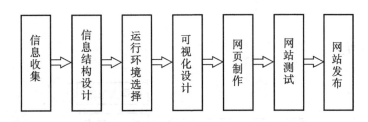

图 3-10 网站内容设计流程图

1. 收集与该网站有关的一些关键信息

建立一个行之有效的电子商务网站决不能马虎、草率行事,文字资料应由公司内部的专人负责整理,最好是熟悉市场营销并有一定文字组织能力的人,他们能够站在企业、市场和消费者的多个角度考虑文字的组织方式。通常情况下,资料常常来自本企业的宣传手册、彩页、各种报告及技术资料等,这些资料往往是从企业的角度组织的,而缺乏从用户角度来考虑问题,因此应对这些资料加以整理后才能在网站中使用。

2. 网站信息结构的设计

设计人员根据收集到的信息和总体规划阶段对网站提出的主要需求与功能开始构思,确定计算机管理的范围、网站应具有的基本功能、人机界面的基本形式、网站链接结构和总体风格等。

3. 网站运行环境的设计

根据网站信息结构的设计,结合企业的实力进行电子商务网站运行平台的选择,包括网络操作系统、web 服务器及数据库系统的选择。

4. 进行网页可视化设计

设计人员根据以上获得的信息,以尽可能快的速度和尽可能完备的开发工具来建造一个仿真模型。该模型应包括主页和其他网页的版面设计、色彩设计、导航栏设计、相关图像的制作和优化,然后将该模型提交给企业电子商务网站领导小组,经审核通过后才能进行网页的制作。

5. 网页制作

将确定好的仿真模型利用各种网页开发技术(例如:HTML、CSS、Java、ASP 等),使模型中的各种类型的内容有机地整合在一起。通常情况下,在网页制作过程中,需利用一定的web数据库技术进行信息和数据的动态发布和提供。

6.网站测试

在网站正式被使用之前,要由一些典型的用户和开发人员一起进行试用、检查、分析效果,对网站进行全范围的测试,包括速度、兼容性、交互性、链接正确性及超流量测试等,发现问题及时记录并解决。

7.网站发布

通过FTP软件把所有的网站文件从测试服务器传导到正式服务器上去,网站就可以正式对外发布了。

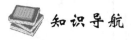 知识导航

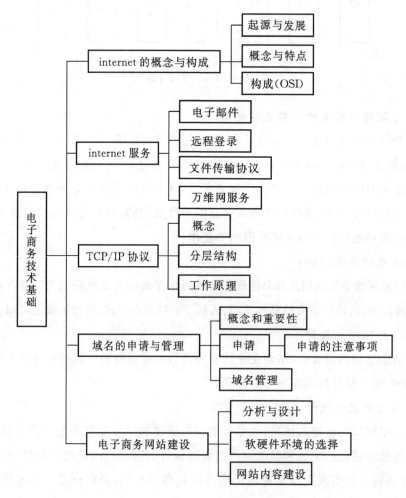

思考与练习

1. internet 的发展经历了哪些阶段？
2. OSI 参考模型各个层次的功能是什么？
3. internet 服务包括哪些种类？
4. TCP/IP 协议的工作原理是什么？
5. 什么是域名？申请时应注意哪些问题？
6. 电子商务网站建设的步骤是什么？

实训任务

请同学们以小组为单位，选取一家电子商务企业，分析技术对企业发展的支撑性。

即测即评

第4章 电子商务安全

学习目标

1. 理解网络大环境对于电子商务安全保障的重要性；
2. 掌握常见的电子商务安全技术的特征和工作原理；
3. 理解认证的含义并掌握它在保障电子商务安全中的作用。

2021年超60%的企业遭遇数据泄露

过去一年里，大多数公司（63%）遭遇过至少一次数据泄露。全球数据泄露平均成本为240万美元，而对于没有妥善应对的公司而言，这个价格还会增加到300万美元。

这一数据出自佛瑞斯特研究所于2022年4月8日发布的报告《2021年企业数据泄露状况》，报告发现，数据泄露事件的数量和成本因企业所处地理位置及数据泄露响应准备度而异。北美公司之间的差异最为明显：虽然企业平均需要38天来发现和根除数据泄露并恢复正常运营，但未做好充分准备应对安全挑战的公司需要花费62天。

在响应方面的差异也会导致成本天差地别，北美公司想要从数据泄露中恢复平均需支付300万美元，而如果公司缺乏事件响应准备，则该费用会上升到400万美元。

佛瑞斯特安全与风险小组分析师 Allie Mellen 表示："数据泄露预期与现实之间的错位已产生非常巨大的影响。在全球范围内，相比没准备好应对数据泄露的公司，为数据泄露做好响应准备的公司能省下约60万美元之巨。"

总体而言，北美公司的数据泄露发生率略低于其他地区：过去12个月以来59%的公司响应了数据泄露，而全球平均水平为63%。

至于欧洲和亚太地区的企业，可能是因为普遍的监管，为数据泄露做好准备的公司跟缺乏任何数据泄露准备的公司之间没有那么明显的差距。然而，佛瑞斯特的报告指出，即使是在这些地区，缺乏足够的事件与危机响应准备的公司，在数据泄露响应方面的花费也更高一些。

佛瑞斯特报告中写道："缺乏事件与危机响应准备的企业需要更长时间才能从数据泄露中恢复，而且成本更高。在事件发生之前制定、宣讲和测试响应步骤，并签订事件响应服务合约，可以缩短响应时间和提高响应完备度。准备情况在这项工作中至关重要，尤其是在恢复以天为单位的情况下。"

威胁不仅仅来自外部黑客。

尽管实际攻击分布于四个不同类别，即外部攻击、内部事件、第三方和供应链攻击，以及资产丢失或被盗,但公司还是一门心思地认定外部攻击者是主要威胁来源。

放眼全球,几乎一半的公司(47%)认为外部攻击是他们的最大威胁,但实际上,只有三分之一的事件(34%)是外部黑客所为。近四分之一(24%)的事件可溯源至内部,而23%源自资产丢失或被盗,21%涉及第三方合作伙伴。

"通常情况下,我们看到的是,对外部攻击者的担忧推动公司做出很多决策,但实际情况并非如此,经由第三方进行的数据泄露并不会让你少损失多少。我们了解到公司担心外部攻击,但他们其实应该在其他方面投入时间。"

尽管欧洲公司对外部事件(37%)的关注度也高于实际情况(20%),但所有地区的企业似乎都不关心资产丢失和被盗,只有不到5%的受访者最为关注这种类型的数据泄露。

佛瑞斯特分析师 Allie Mellen 表示,公司应专注衡量自身事件响应和管理能力,使用各种指标逐步改进。"如果你想改善自己的策略,跟着指标走是相当重要的。正确的指标能帮你发现自己的偏见,然后超越这些偏见。"

此外,跨国公司需要明白,公司的安全事件响应应当适应各个地区,考虑到法规、事件成本和威胁形势的差异。

资料来源:2021年超60%的企业遭遇数据泄露[EB/OL]. (2022-05-03)[2022-05-10]. https://netsecurity.51cto.com/article/707952.html.

4.1 电子商务安全概述

在传统交易过程中,买卖双方是面对面的,因此很容易保证交易过程的安全性和建立起信任关系。但在电子商务过程中,买卖双方是通过网络来联系的,彼此远隔千山万水,由于互联网既不安全,也不可信,因而建立交易双方的安全和信任关系相当困难。因此,电子商务交易双方都面临着不同的安全威胁。

4.1.1 网络安全的重要性

随着信息科技的迅速发展,互联网已成为全球重要的信息传播工具。互联网在电子商务中的作用也愈发重要了。互联网是企业间进行电子商务的基础平台,所有需要传递的信息都在互联网上流动,因此,网络安全是企业顺利实施电子商务的必要保证。电子商务与互联网之间的关系见图4-1。

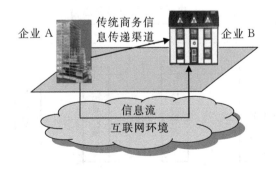

图4-1 电子商务与互联网的关系

显然，网络安全问题已成为制约电子商务安全有序开展的首要因素。所以，重视和加快网络安全问题的研究和技术开发具有重要意义。从企业开展电子商务的需求来看，以下四个网络安全问题需要给予重点关注。

(1)密码安全。用户名和密码是目前使用最广的一种验证方法，保证密码的安全性就可以对用户身份进行唯一准确的验证和保护。因此，密码安全由技术上强韧的密码系统及其正确应用来实现，是通信安全的核心部分。

(2)计算机安全。计算机安全是一种确定的状态，使计算机数据和程序文件不致被非授权人员、计算机或程序所访问、获取或修改。安全的实施可通过限制被授权人员使用计算机系统的物理范围(授予特定用户特定的权限)、利用特殊(专用)软件和将安全功能构造于计算机操作规程中等方法来实现。

(3)网络环境安全。在计算机网络中除了计算机以外，还包括很多其他属于网络环境的因素，如物理设施、软件安全及职员素质、用户访问方式、偶发或蓄意的干扰或破坏等，因此，增强员工的网络安全意识，采取有效的安全措施是解决网络环境安全问题的有效手段，也是使技术与人事管理达到均衡的重要步骤。

(4)信息安全。信息安全即保护信息，使之免遭偶发的或有意的非授权泄露、修改、破坏或处理能力的丧失。

4.1.2　电子商务的安全威胁

近年来，我国电子商务得到了蓬勃发展，但由于技术不完善等因素影响，安全隐患还很突出。《2020年中国互联网网络安全报告》显示，2020年国家信息安全漏洞共享平台全年新增收录通用软硬件漏洞数量创历史新高，达20704个，同比增长27.9%；近5年来新增收录漏洞数量呈显著增长态势，年均增长率为17.6%。勒索病毒持续活跃，全年捕获勒索病毒软件78.1万余个，较2019年同比增长6.8%。全年捕获恶意程序样本数量超过4200万个，日均传播次数为482万余次，涉及恶意程序家族近34.8万个。另外，在网站安全方面，2020年监测发现约20万个针对我国境内网站的仿冒页面，同比增长约1.4倍；境内外约2.6万个IP地址对我国境内约5.3万个网站植入后门；境内被篡改的网站约10万个。

网络上存在的这种非安全性反映到电子商务的实施和运作中有许多典型的表现，一般分为以下几个大类，见图4-2。

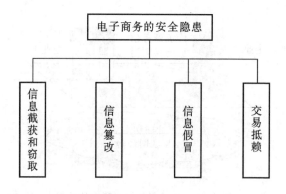

图4-2　电子商务的安全隐患

1. 信息截获和窃取

如果没有采用加密措施或加密强度不够,攻击者可能通过互联网、公共电话网,在电磁波辐射范围内安装截收装置或在数据包通过的网关和路由器上截获数据等方式,获取传输的机密信息,如客户的银行账号、密码以及企业的商业机密等。

2. 信息篡改

当攻击者熟悉了网络信息格式以后,通过各种技术方法和手段对网络传输的信息进行中途修改,并发往目的地,从而破坏信息的完整性。如改变信息流的次序,更改信息的内容,如购买商品的出货地址;或者删除某个消息或消息的某些部分;或者在信息中插入一些让接收方读不懂或接收错误的信息。

3. 信息假冒

当攻击者掌握了网络信息数据规律或解密了商务信息明文以后,可以假冒合法用户或发送假冒信息来欺骗其他用户。如虚开网站,给用户发电子邮件,用收订货单欺骗合法主机及合法用户。

4. 交易抵赖

交易抵赖包括多个方面,如发信者事后否认曾经发送过某条信息或内容,收信者事后否认曾经收到过某条信息或内容,购买者做了订货单不承认,商家卖出的商品因价格差而不承认原有的交易。电子商务中的数字签名和证书认证技术就是为了防止此类情况的发生(具体内容将在4.3节中详细介绍)。

▶ 4.1.3 电子商务的安全需求

由于在互联网上进行交易的人们不可能都相互认识或见面,为了确保每次交易的顺利进行,保障交易各方的合法权益,最大程度解决电子商务安全中面临的问题,在电子商务的实施过程中必须满足以下要求。

1. 信息的保密性

信息的保密性是指对交换的信息进行加密保护,使其在传输过程或存储过程中不被他人所识别。在传统的贸易中,一般都是通过面对面的信息交换,或者通过邮寄封装的信件或可靠的通信渠道发送商业报文,达到保守商业机密的目的。而电子商务建立在一个开放的网络环境下,当交易双方通过互联网交换信息时,因为互联网是一个开放的公用互联网络,如果不采取适当的保密措施,那么其他人就有可能知道他们的通信内容;另外,存储在网络的文件信息如果不加密的话,也有可能被黑客窃取。

电子商务作为贸易的一种手段,其信息直接代表着各企业或国家的机密,均有保密的要求。因此在信息传输中一般均有进行加密的要求,同时在必要的节点设置防火墙。在利用网络进行的交易中,要预防信息大量传输过程中被非法窃取,如信用卡的账号和用户名等敏感信息不能被他人知悉,必须确保只有合法用户才能看到数据,防止信息被窃看。只有网上交易信息的保密性达到一定程度才能开展真正意义上的电子商务。

2. 信息的完整性

信息的完整性是指确保信息在传输过程中的一致性,并且不被未经授权者所篡改,也称不可修改性。上面所讨论的信息保密性,是针对网络面临的被动攻击一类威胁而提出的安全需求,但它不能避免针对网络所采用的主动攻击一类的威胁。所谓被动攻击,就是不修改任何交易信息,但通过截获、窃取、观察、监听、分析数据流获得有价值的情报。而主动攻击就是篡改交易信息,破坏信息的完整性和有效性,以达到非法的目的。

信息的完整性包括信息传输和存储两个方面。在传输方面,要防止数据传送过程中信息的丢失和重复,并保证信息传送次序的统一;在存储方面,要预防对信息的随意生成、修改和删除。数据输入时的意外差错或欺诈行为,可能导致交易各方信息的差异。此外,数据传输过程中的信息丢失、信息重复或信息传送的次序差异也会导致交易各方信息的不同。交易各方信息的完整性将影响到交易各方的交易和经营策略,电子商务系统信息存储必须保证正确无误。

3. 信息的有效性

信息的有效性是指接收方可以证实所接收的数据是原发方发出的,而原发方也可以证实只有指定的接收方才能接收。电子商务交易中,一旦签订合同后,这项交易就应受到保护以防止被篡改或伪造。交易的有效性在其价格、期限及数量作为合同的一部分时尤为重要。因此,必须保证交易数据在确定价格、期限、数量以及确定时刻、地点时是有效的。

4. 交易的不可否认性(不可抵赖性)

交易的不可抵赖性是指交易双方在网上交易过程的每个环节都不可否认其所发送和收到的交易信息,又称不可否认性。在实际交易中,交易一旦达成是不能被否认的,否则正常的交易就不能进行。因此,电子交易通信过程的各个环节都必须是不可否认的。

5. 交易者身份的真实性

交易者身份的真实性是指交易双方确实是存在的,不是假冒的。网上交易的双方很可能素昧平生,相隔千里,信息流、资金流和物流的有效转换保证了电子商务的顺利进行,而这一切都是以信息的真实性为基础的。要使交易成功,能方便可靠地确认双方身份是交易的前提。

6. 授权合法性

安全管理人员能够控制用户的权限,分配或终止用户的访问、操作、接入等权利,只有被授权的用户才有访问系统的权利。在电子商务过程中要求保证信息确实为授权使用的交易各方使用,使他们有选择地得到相关信息与服务,防止由于电子商务交易系统的技术或其他人为因素造成系统拒绝对授权者提供信息与服务,反而为未经授权者提供信息与服务。

7. 存储信息的安全性

存储信息的安全性是指要保证存储在介质上的信息的正确性。

4.2 电子商务安全技术

由于网络本身的特性和电子商务实施过程中的诸多因素,十分有必要采取相应的措施来应对各种问题,因此在电子商务的发展中,有很多电子商务安全技术被人提出、利用并取得了良好的效果。下面主要介绍几种典型的电子商务安全技术及其工作原理、过程,力求从技术角度进一步阐述电子商务的安全问题。

▶ 4.2.1 加密技术

电子商务信息的保密性、真实性和完整性可以通过加密技术来实现。在保障信息安全各种功能特性的诸多技术中,加密技术是信息安全的核心和关键技术,是一种主动的信息安全防范措施。其原理是利用一定的加密算法,将明文转换成从字面上无法正确理解的密文,阻止非法用户获取和理解原始数据,从而确保数据的保密性。数据加密技术可以在一定程度上提高数据传输的安全性,保证传输数据的完整性。

数据加密过程就是通过数据加密系统的加密方式将原始的数字信息(明文)变换成与明文完全不同的数字信息(密文)的过程。密文经过网络传输到达目的地后再用数据加密系统的解密方法将密文还原成为明文。数据加密、解密过程见图4-3。

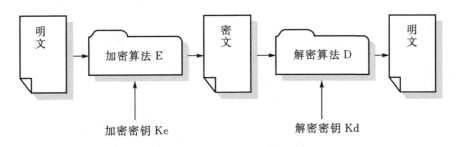

图4-3 加密、解密过程示意图

变换前的数据称为明文,变换后的数据称为密文,加密和解密的规则称为算法。数据经加密模块加密后变成密文在网络中传输,由接收端的解密模块进行解密,还原成明文。可见,一个加密系统包括明文、加密算法、加密密钥以及解密算法、解密密钥和密文。密钥是一个具有特定长度的数字串,密钥的值是从大量的随机数中选取的。加密过程包括两个核心元素,即加密算法和加密密钥。明文通过加密算法和加密密钥的共同作用,生成密文。相应地,解密过程也包括两个核心元素,即解密算法和解密密钥。密文通过解密算法和解密密钥的共同作用,被还原成为明文。

根据密钥使用和产生方式的不同,加密技术可分为私钥加密技术和公钥加密技术。需要注意的是,由于算法是公开的,因此,一个数据加密系统主要的安全性是基于密钥的,而不是基于算法的,所以加密系统的密钥体制是一个非常重要的问题。

1. 私钥加密技术

私钥加密技术属于传统密钥加密技术,这种方法已经使用了几个世纪,它是指在对信息的加密和解密过程中使用相同的密钥。或者,加密和解密的密钥虽然不同,但可以由其中一个推导出另一个。这就是说,解密方必须使用加密方加密用的密钥才能解密。私钥加密技术也称为对称加密技术。

私钥加密技术的加密标准主要有两个:一个是数据加密标准(data encryption standard, DES),另一个是国际数据加密算法(international data encryption algorithm, IDEA)。DES标准由IBM公司开发,现在已成为国际标准。国际数据加密算法于1992年正式提出,它比DES的加密性好,而且需要的计算机功能也不那么强。

私钥加密技术使用的加密算法简捷高效,密钥简短,加密速度快,加密强度高,破译极其困难。私钥加密的工作过程如图4-4所示。

但在电子商务交易中,私钥加密无法满足基本的安全要求。

首先,密钥难于安全传递。在私钥加密技术中加密方每次使用的新密钥,都要经过某种秘密渠道传给解密方,而密钥在传递过程中容易泄露。

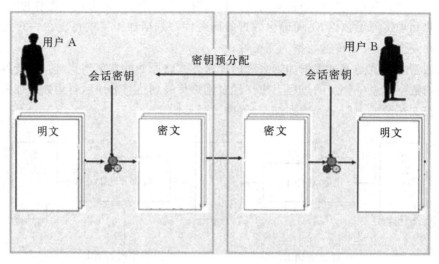

图4-4 私钥加密的工作过程

其次,密钥量大,难以进行管理。如果网内任意两个用户通信时都使用互不相同的密钥,N个人就要使用$N(N-1)/2$个密钥。

另外,不能提供信息完整性鉴别,无法验证收发双方的身份,也无法在素不相识的两方传送保密信息,而这在商业交易中是必需的功能。

2. 公钥加密技术

公钥加密技术是现代密码学最重要的发明和进展。它将加密密钥和解密密钥分开,加密和解密分别由两个密钥来实现,并使得由加密密钥推导出解密密钥(或由解密密钥推导出加密密钥)在计算上是不可行的。

采用公钥加密技术的每一个用户都有一对选定的密钥,其中一个密钥对外公开,称为公开密钥(public-key),简称公钥;另一个密钥由密钥所有者自己保管,称为私密密钥(private-key),简称私钥。公钥加密技术也称为不对称加密技术。公钥加密技术的典型算法是RSA标准。公钥加密的工作过程如图4-5所示。

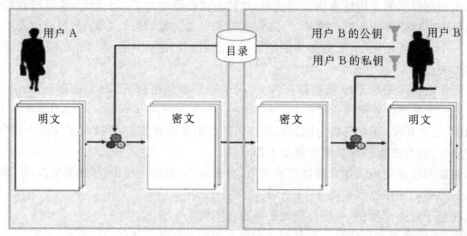

图4-5 公钥加密的工作过程

公钥加密技术成功解决了私钥加密技术中密钥分配、密钥管理和收发双方身份认证困难的问题。如由于公钥可以通过各种公开渠道传递,因此,密钥分配非常简单;另外,密钥的保存量少,便于密钥管理;而且,私钥的私密性,可以作为实现数字签名和数字鉴别的主要工具。

但是,公钥加密技术加密速度慢,难于满足大信息量文件的快速加密。统计表明,对于相同体积的数据块进行加密,DES算法的加密效率比RSA算法的加密效率高出数十倍。

表4-1是私钥加密技术的代表DES和公钥加密技术的代表RSA的各个加密参数的对比。

表4-1 两种加密标准对比

比较项目	代表标准	密钥关系	密钥传递	数字签名	加密速度	主要用途
私钥加密	DES	加密密钥与解密密钥相同	必要	困难	快	数据加密
公钥加密	RSA	加密密钥与解密密钥不同	不必要	容易	慢	数字签名、密钥分配加密

4.2.2 数字签名

现实生活中的书信或文件是根据亲笔签名或印章来证明其真实性的。签名的作用有两点:一是因为自己的签名难以否认,从而确认了文件已签署这一事实;二是因为签名不易仿冒,从而确定了文件是真的这一事实。在企业间的电子商务过程中传送的报文、合同又如何盖章呢?这就是数字签名所要解决的问题。数字签名与书面文件签名有相同之处,采用数字签名,也能确认以下两点:①信息是由签名者发送的;②信息自签发后到收到为止未曾做过任何修改。

这样数字签名就可用来防止电子信息因被修改而有人作伪,或冒用别人名义发送信息,或发出(收到)信件后又加以否认等情况发生。

具体的做法是:信息发送者使用私钥进行加密,此信息只能由信息接收者使用信息发送者的公钥来解密。由于私钥的唯一性和私密性,身份认证得以实现。数字签名的过程如图4-6所示。

图4-6 数字签名过程示意图

电子商务交易中,数字签名技术主要用于三个方面:一是鉴别原始信息,保证信息传输过程中的真实性和完整性;二是对信息发送者的身份认证;三是保证信息发送者对发送的信息不能否认。而且,接收方不可否认服务也需结合数字签名技术予以实现。数字签名一般采用非对称加密技术(如RSA),通过对整个明文进行某种变换,得到一个值,作为核实签名。接收者使用发送者的公开密钥对签名进行解密运算,如其结果为明文,则签名有效,证明对方的身份是真实的。当然,签名也可以采用多种方式,例如,将签名附在明文之后。数字签名普遍用于银行、电子贸易等。

通过数字签名技术,我们不仅可以对用户身份进行验证与鉴别,也可以对信息的真实性和可靠性进行验证和鉴别,这样就可以解决冒充、抵赖、伪造、篡改等问题。现在在电子银行中数字签名技术是应用最广泛的,今后这项技术将会越来越普及。

4.2.3 防火墙技术

尽管近年来各种网络安全技术在不断涌现,但到目前为止,防火墙仍是网络系统安全保护中最常用的技术。

防火墙系统是一种网络安全部件,它可以是硬件,也可以是软件,也可能是硬件和软件的结合,这种安全部件处于被保护网络和其他网络的边界,接收进出被保护网络的数据流,并根据防火墙所配置的访问控制策略进行过滤或做其他操作。防火墙系统不仅能够保护网络资源不受外部的侵入,还能够拦截从被保护网络向外传送有价值的信息。防火墙系统可以用于内部网络与internet之间的隔离,也可用于内部网络不同网段的隔离,后者通常称为intranet防火墙。防火墙的一般结构见图4-7。

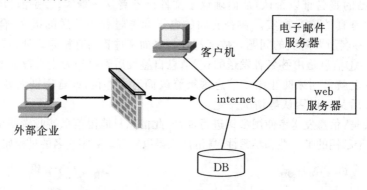

图4-7 防火墙结构示意图

防火墙系统根据其实现的方式大致可分为三种,即包过滤防火墙、应用层网关以及代理服务。

(1)包过滤防火墙。包过滤防火墙的主要功能是接收被保护网络和外部网络之间的数据包,根据防火墙的访问控制策略对数据包进行过滤,只准许授权的数据包通行。防火墙管理员在配置防火墙时,根据安全控制策略建立包过滤的准则,也可以在建立防火墙之后,根据安全策略的变化对这些准则进行相应的修改、增加或者删除。每条包过滤的准则包括执行动作和选择准则两个部分。执行动作包括拒绝和准许,分别表示拒绝或者允许数据包通行;选择准则包括数据包的源地址和目的地址、源端口和目的端口、协议和传输方向等。

(2)应用层网关。应用层网关位于TCP/IP协议的应用层,实现对用户身份的验证,接收被保护网络和外部之间的数据流并对之进行检查。在防火墙技术中,应用层网关通常由代理服务器来实现。通过代理服务器访问internet的内部网络用户,在访问internet之前首先应登录到代理服务器,代理服务器对该用户进行身份验证检查,决定是否允许其访问internet,如果验证通过,用户就可以登录到internet上的远程服务器。

(3)代理服务。代理服务使用一个客户程序与特定的中间节点(代理服务器,即防火墙)建立连接,然后中间节点与服务器进行实际连接。代理服务在应用层上进行。

防火墙的工作过程示意图见图4-8。

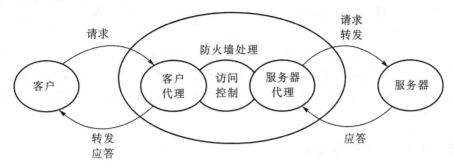

图4-8 防火墙的工作示意图

防火墙通过上述方法,实现内部网络的访问控制及其他安全策略,从而降低内部网络的安全风险,保护内部网络的安全。但防火墙自身的特点,使其无法避免某些安全风险,例如网络内部的攻击,内部网络与internet的直接连接等。由于防火墙处于被保护网络和外部的交界,网络内部的攻击并不通过防火墙,因而防火墙对这种攻击无能为力;而网络内部和外部的直接连接,如内部用户直接拨号连接到外部网络,也能越过防火墙而使防火墙失效。

▶ 4.2.4 电子数据交换技术

EDI(electronic data interchange)是一种在公司之间传输订单、发票等商业文件的电子化手段,即电子数据交换。

EDI有以下三个关键要素:

(1)EDI是指计算机用户之间的数据交换和数据处理;

(2)EDI交换和处理的数据必须用统一的标准编制成结构化的、标准化的数据后,方可作为被传输的资料;

(3)EDI的数据发送、接收和处理都是使用电子方式自动进行的。

为了达到上述要求,一个基本的EDI系统必须具备计算机管理信息系统、EDI处理软件,且需要实现数据通信的网络化和标准化。EDI系统构成如图4-9所示。

图4-9 EDI系统构成示意图

在电子商务中实际应用 EDI 具有以下几个显著特点：
(1) 节省时间，降低成本，提高工作效率和竞争力；
(2) 改善客户服务质量；
(3) 消除纸面文件和重复劳动；
(4) 扩展客户群。

因此，总的来说，企业与企业间的电子商务以 EDI 为核心技术，以互联网为主要的互联手段，实现企业间业务流程的电子化，配合企业内部的电子化生产管理系统，提高企业从生产、库存到流通（包括物资和资金）各个环节的生产率。这种 internet-EDI 模式也将极大地促进基于电子商务的发展。

▶ 4.2.5 安全电子交易协议

1997 年，威士国际组织（VISA International）和万事达卡国际组织（MasterCard）联合多家科技公司共同制定并正式发布了安全电子交易（SET）标准，这是为了在互联网上进行在线交易时保证用卡支付的安全而设立的一个开放的规范。它涵盖了信用卡在电子商务交易中的交易协议、信息保密、资料完整及数据认证、数据签名等各个部分。

SET 协议采用公钥加密技术，私钥和公钥长度为 512 位到 2048 位之间，并采用联机动态授权和认证检查、数字签名和数字摘要等措施，解决了客户资料的安全性问题，解决了网上交易存在的客户、银行和商家之间的多方认证问题，保证了网上交易的实时进行等，这些都是安全套接层协议所无法解决的，可见 SET 协议是目前进行电子商务的最佳协议标准。但 SET 协议也有自己的缺点，即实现过于复杂，对客户、商家和银行要求都非常高，比较难于推广。

根据 SET 协议的工作流程，可将整个工作程序分为下面几个步骤。
(1) 客户在网上商店选购商品并得到确认后进行网上支付，此时进入 SET 系统。
(2) 在 SET 系统中，客户必须对订单和付款指令进行数字签名。同时利用双重签名技术保证商家看不到客户的账号信息。
(3) 在线商店接受订单后，向客户所在银行请求支付认可。信息通过支付网关到收单银行，再到电子货币发行公司确认。批准交易后，返回确认信息给在线商店。
(4) 在线商店发送订单确认信息给客户。客户端软件可记录交易日志，以备将来查询。
(5) 在线商店发送货物或提供服务，并通知收单银行将钱从客户的账号转移到商店账号或通知发卡银行请求支付。

在认证操作和支付操作中间一般会有一个时间间隔，例如，在每天下班前请求银行结一天的账。

在上述处理过程中，通信协议、请求信息的格式、数据类型的定义等，SET 协议都有明确的规定。在操作的每一步，客户、在线商店、支付网关都通过认证中心来验证通信主体的身份，以确保通信的对方不是冒名顶替的。所以，也可以简单地认为，SET 协议充分发挥了认证中心的作用，以维护在任何开放网络上的电子商务参与者提供信息的真实性和保密性。

SET 协议要达到的主要目标有：①信息在互联网上的安全传输，保证网上传输的数据不被黑客窃取。②订单信息和个人账号信息的隔离。除了消费者本人之外，包括商家在内的其他人对消费者的账户信息一律不可见。③消费者和商家的互相认证，以确定通信双方的身份。一般要有一个第三方机构提供信用担保。④要求软件遵循相同的协议和消息格式，使不同厂家开发的软件具有兼容功能,并可以运行在不同的硬件和操作系统平台上。

4.2.6 安全套接层协议

安全套接层协议(SSL协议)是通过在收发双方建立安全通道来提高应用程序间交换数据的安全性,从而实现浏览器和服务器(通常是web服务器)之间的安全通信。SSL协议是一种利用公共密钥技术的工业标准,广泛用于互联网。

SSL协议的整个概念可以概括为:它是一个保证任何安装了安全套接层的客户和服务器间事务安全的协议,该协议向基于TCP/IP的客户/服务器应用程序提供了客户端和服务器的鉴别、数据完整性及信息机密性等安全措施,目的是为用户提供与企业内联网相连接的安全通信服务。

在传统的邮购活动中,客户首先寻找商品信息,然后汇款给商家,商家再把商品寄给客户。这里,商家是可信的,因此客户需先汇款给商家。在电子商务的开始阶段,商家也担心客户购买后不付款,或者使用过期作废的信用卡,因而他们也希望银行予以认证。SSL协议就是在这种背景下应用于电子商务的。

SSL协议包含两部分:SSL记录协议和SSL握手协议,它采用了公开密钥和专有密钥两种加密方法,最终SSL协议分为以下六个步骤进行。

(1) 建立连接阶段:客户通过网络向服务商打招呼,服务商回应;
(2) 交换密码阶段:客户与服务商之间交换双方认可的密码;
(3) 会谈密码阶段:客户与服务商之间产生彼此交谈的会谈密码;
(4) 检验阶段:检验服务商取得的密码;
(5) 客户认证阶段:验证客户的可信度;
(6) 结束阶段:客户与服务商之间相互交换结束的信息。

当上述动作完成之后,两者之间的资料传输就以对方公钥进行加密后再传输,另一方收到资料后以私钥解密。即使盗窃者在网上取得加密的资料,如果没有解密密钥,也无法看到可读的资料。

在电子商务交易过程中,由于有银行参与,按照SSL协议,客户购买的信息首先发往商家,商家再将信息转发银行,银行验证客户信息的合法性后,通知商家付款成功,商家再通知客户购买成功,将商品寄送给客户。

4.3 电子认证与数字证书

为了保证网络上传递信息的安全,电子商务通常采用加密的方法。但这是不够的,在电子商务活动中,当事人通过电子技术来完成合同的订立过程,尤其是依靠网络技术完成合同的订立。由于网络的虚拟性,当事人无法确定对方身份的真实性,无法确保和自己交易的对方在事实上就是该名称所代表的对方本人,而非其他人冒充。于是,人们在实践中发展出一种有效的方法来解决这个难题,即寻找一位可靠的第三方负责对信息发送和接收方利用某种特定的技术去鉴别他们身份的真伪。第三方就是电子认证机构。

所谓电子认证,就是特定机构对电子签名及其签署者的真实性进行验证的具有法律意义的服务。这个特定机构就是认证中心。持有电子签名制作数据并以本人身份或者以其所代表的人的名义实施电子签名的人,称为电子签名依赖方或信赖方;可证实电子签名的人与电子签名制作数据有联系的数据电文或者其他电子记录,称为电子签名认证证书;在电子签名过程中使用的、将电子签名与电子签名人可靠地联系起来的字符、编码等数据,是电子签名数据。

电子签名和电子认证都是电子商务的保障。电子签名的目的是保护数据电文的安全,防止其内容被仿冒、更改或否认。法律强调对电子签名安全技术标准的认定。电子认证的目的是把电子签名与交易方(信赖方)联系起来,以确保交易方(信赖方)得到的电子签名来自该电子签名的真正代表方,也就是来自真正的签署方,而不是别人假冒。也就是说,电子签名主要用于数据电文本身的安全,使之不被否认或篡改,是一种技术手段上的保证;电子认证是特定机构对电子签名及其签署者进行验证服务,主要应用于交易关系的信用安全方面,保证交易人的真实与可靠,是一种组织制度上的保证。

电子认证包含很多种类,下面以数字证书为例展示电子认证的认证过程与功能。

1. 数字证书的含义

数字证书又称为数字凭证、数字标识,是一个经证书认证机构数字签名的包含用户身份信息以及公开密钥信息的电子文件。在网上交易中,若双方出示了各自的数字证书,并用它来进行交易操作,那么双方都可不必为对方的身份真伪担心。数字证书可用于安全电子邮件、网上缴费、网上炒股、网上招标、网上购物、网上企业购销、网上办公、电子资金移动等活动。

认证中心承担网上安全电子交易的认证服务,主要负责产生、分配并管理用户的数字证书。创建证书的时候,认证中心首先获取用户的请求信息,其中包括用户公钥(公钥一般由用户端产生,如电子邮件程序或浏览器等),然后根据用户的请求信息产生证书,并用自己的私钥对证书进行签名。其他用户、应用程序或实体将使用认证中心的公钥对证书进行验证。对于一个大型的应用环境,认证中心往往采用一种多层次的分级机构,上级认证中心负责签发和管理下级认证中心的证书,最下一级的认证中心直接面向最终用户。

2. 数字证书的认证过程

一个电子商务企业要使用证书服务,必须先申请一个证书,我们可从图4-10清楚地认识一个证书申请的流程。

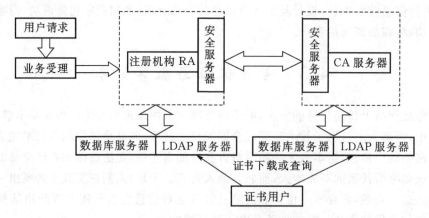

图4-10 用户申请证书全过程

第 4 章 电子商务安全

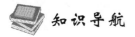知识导航

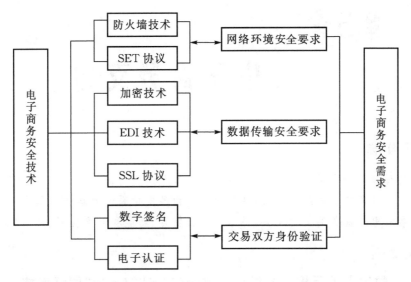

思考与练习

1. 什么是电子商务安全？电子商务安全的基本要求是什么？
2. 电子商务对信息的传输安全有哪些要求？通过哪些手段保证信息传输安全？
3. 比较 SSL 协议和 SET 协议的异同。
4. 电子数字证书有哪些类型？认证中心起什么作用？
5. 根据密钥不同，密码体制分为哪几类？它们之间的区别在哪里？
6. 什么是数字签名？它是用来解决什么问题的？

实训任务

请同学们以小组为单位，讨论分析电子商务平台信息泄露的风险及后果。

即测即评

第5章 电子商务支付

学习目标

1. 掌握并理解电子支付的概念,掌握网上支付和移动支付;
2. 熟悉电子商务支付系统的构成,并掌握电子商务支付系统的运作过程;
3. 熟悉各种电子商务的支付工具,并掌握各自特点、功能和典型应用。

导入案例

数字人民币接入支付宝,"碰一碰"与"扫一扫"同场竞技

进入2021年,数字人民币试点与推广提速,接入六大国有行和网商银行,支付宝借助网商银行打通数字人民币支付。

部分用户打开支付宝"我的"界面,就可以看到"数字人民币"。用户通过支付宝付款码付款时,可选数字人民币(网商银行),设置方式与其他支付方式类似。不过,该功能仍处于小范围内测中。

凭借第三方支付平台的庞大流量和丰富应用场景,数字人民币支付全面铺开只是时间问题,将来是否会取代第三方支付平台,成为业内热议的话题。

对此,中国金融学会会长、清华大学五道口金融学院名誉院长周小川明确表示,数字人民币的发展是立足于国内支付系统的现代化,跟上数字经济和互联网时代的步伐,提高效能、降低成本,特别是为零售支付系统服务,与第三方支付不是互相取代的关系。

第三方支付平台也在积极布局和推广数字人民币。每一次技术变革都会带来挑战,同时也迎来新机遇,数字人民币会是第三方支付平台重塑格局的机会吗?

支付无感化

数字人民币与第三方支付平台本质不同:根据官方定义,数字人民币定位M0,是法定货币,是"钱";而第三方支付平台属于金融基础设施,是"钱包"。

亿欧EqualOcean产互&金融事业部研究总监薄纯敏把数字人民币的出现视为支付渠道越来越无感化的演进。人们的支付方式,经历了从最初的物物交换,到黄金、白银、现金、刷卡、扫码、刷脸等移动支付的演变,再到了如今的数字人民币阶段——消费者无须联网,碰一碰即可完成支付。

在商业发展史中,每一次技术革命都是促进商业发生重大改变的契机,支付技术的升级换代也不例外。

曾经支付宝的诞生,让线上虚拟交易得到现实保障,促进了国内电商行业的蓬勃发展。到了数字经济新时代,数字人民币作为支付新趋势,可能带来的变革机遇尚不明朗,但相关公司已经提早布局。

支付宝仍旧走在了前面,蚂蚁集团旗下网商银行是继六大国有行之后,第七家数字人民币

运营机构。蚂蚁集团拥有场景和技术优势,在数字人民币研发进程中,一直深度参与。

2017年末,网商银行就参与到数字人民币研发试验中,如今已经在盒马、大润发、天猫超市、哈罗单车、上海公交等多个场景进行试点。蚂蚁分布式数据库OceanBase和移动开发平台mPaaS,也早在2019年就被引入推进数字人民币技术建设。

不止支付宝,多家公司都在布局数字人民币试点,试图抓住新的支付方式和机会。

有业内人士告诉EqualOcean,数字人民币正在技术测试阶段,采用与大量场景方合作的方式,测试是否能够跑通整体支付体系。零壹财经报告显示,2019—2020年,数字货币研究所与商汤科技、京东数科等十余家单位签订了战略合作协议,合作机构覆盖兑换流通各个环节,且均是所在领域的领军企业。

美团点评、哔哩哔哩、字节跳动都曾宣布,与参与数字人民币项目的银行开展合作;微众银行已出现在数字人民币钱包的界面,状态为即将开通;拉卡拉2020年财报显示,报告期内在数字人民币上投入超3000万元,未来三年计划投入5亿元,推进并增强数字人民币及商户数字化服务;新生支付在数字人民币海南跨境电商的试点支付中,提供了技术支撑和商户配套服务;京东数科则试点了企业支付和数字人民币发薪。

影响不止于支付

虽不是取代关系,但数字人民币试点的零售支付场景,无论是线上电商平台,还是线下门店,都与第三方支付方式存在重合,竞争不可避免。

数字人民币作为新兴的支付方式,在很多方面存在很多优势,在技术上体现得尤为明显,比如具有支付即结算、可控匿名、双离线支付等功能。

支付即结算,即交易过程中不再使用第三方支付平台提供的服务,不需要再到银行体系做清算,能够实现交易短平快的目标,即交易链条短、流程平滑、速度更快,降低双方交易成本,法律关系也更加清晰。

站在消费者使用角度考虑,可控匿名是数字人民币的一大优势。苏宁金融研究院黄大智认为,消费者买东西,并不希望别人看到我买了什么、花了多少钱,数字人民币可控匿名的隐私保护,可以将这些信息隐去。

双离线支付功能,即不需要网络即可实现交易,给未来一些新的支付场景提供了想象空间。

不过,数字人民币给不同类型第三方支付平台带来的冲击是不一样的,影响也需要从不同方面去考量。

在黄大智看来,目前市场上的第三方支付平台分为以下三类:以支付宝和微信支付为代表的绝对头部平台;内嵌于自身集团生态的第三方支付平台,比如百度、京东、苏宁、携程、美团等;较小的独立第三方支付平台。

公开数据显示,第一梯队的支付宝、微信支付目前以较大领先优势占据市场头部地位,第二梯队的支付企业则在各自的细分领域发力。

黄大智表示,支付宝和微信在零售支付占有非常大的市场,用户体验和实战案例做得好,消费者考虑到便利性和快捷性,依然会从这个渠道进入消费数字人民币。

这部分市场带来的收益也是可观的。根据蚂蚁集团2020年披露的招股书,2020年上半年数字支付与商家服务收入为260.1亿元,占总收入比例35.9%。

目前,人们习惯用支付宝、微信支付进行购物结账,但随着定位于零售支付的数字人民币进入商用,无可避免地将改变部分人的支付习惯,购物用数字人民币进行结算。如果用户大规模转去使用数字人民币支付,必然会蚕食部分市场,对应的收入也会减少。

比起对支付本身的影响,"支付宝们"面临的更大挑战在于"支付+服务"。

一些支付机构通过分析消费者支付数据,如支付金额、使用人、购买物品等,进行线上的精准营销和推送,提供贷款、征信、理财等业务。黄大智认为,具有可控匿名性的数字人民币推出之后,这些支付机构不一定能够获取到消费者支付的相关信息。

不过,依托于自身集团生态的支付平台,其主要作用并非盈利,而是服务于整个集团,把各个业务串联起来;相对独立的第三方支付平台,业务也主要是在B端,主要服务于零售支付的数字人民币对它们影响不大。

数字人民币的推广是一个渐进的过程,给"支付宝们"带来的影响也将是长期且渐进的。

流量、场景之争

随着数字人民币逐渐推广进入商用,未来市场上将呈现多种支付方式并存的局面。

不过需要明确的是,无论是数字人民币,还是其他支付工具,都需要从一个渠道进入使用,因此流量和场景依旧是支付平台的必争之地。

在用户流量争夺上,上述业内人士认为要将公域流量和私域流量区分来看。

私域流量跟公司的场景和业务绑得更近,比如垂直的电商、旅游、医疗等平台,不会由于数字人民币的出现,而取消和第三方支付公司的合作,所受影响不会太大。

公域流量更容易被其他竞争对手取代,支付宝、微信支付等头部平台就拥有大量的公域流量。它们更需要关注如何切入数字人民币,巩固在第三方支付行业的核心竞争力。

曾经支付宝和微信支付通过红包大战,奠定了支付市场的格局。未来不排除数字人民币的推广,也会通过类似红包大战的逻辑,来培养消费者使用数字人民币的习惯,从而改变市场竞争格局。此外,通过场景端补贴消费者和商户,也是鼓励大家使用数字人民币支付的一种方式。

同时,支付平台更应该跳出支付视角,寻找更大的空间,在场景上做竞争和创新。

上述业内人士举例,未来双离线支付功能,可以主要帮助两种场景保证支付的畅通性和可靠性。其一是连接网络边缘区域,比如偏远山区等普惠服务相关的场景;其二是运用在网络信号不好,但是支付场景需求比较广的领域,类似高速行进的列车、飞机、无人智能网联汽车的消费场景等。

周小川在公开讲话中,也指出了数字人民币可以提高效率的交易场景,包括零售支付、批发系统、交易所系统、贸易结算、跨境支付等。目前,海南跨境进口电商平台已经实现数字人民币支付。

值得注意的是,支付新规《非银行支付机构条例》正在征求意见阶段,结合数字人民币未来的发展来看,第三方支付面临着一个全新的监管环境和竞争环境。

从这些角度来看,上述业内人士认为,数字人民币非但不是第三方机构的替代者,反而可能成为支付机构未来发展的重要武器。

流量场景之外,数字人民币的推出也给了第三方支付平台商业模式创新的机会。

拉卡拉对外披露,未来收益的一个重要来源,就是通过数字货币的受理推进,把公司支付业务带入,从别的支付方式获益。下一步重点工作之一,就是在B2B市场做数字货币的受理工作,汇聚产业链上下游,带动数字货币业务,收取相应的手续费。

在数字经济日益普及的大趋势下,企业纷纷寻求数字化转型。黄大智认为,现代企业的数字化,很多时候第一步是支付服务的数字化,对于那些定位于B端支付、比较独立的第三方支付机构,可以更多去思考如何去连接C端和B端,向B端收费。

写在最后

提到数字人民币,消费者更关心的问题是:我什么时候能用上?我是不是非用不可?

关于数字人民币试点应用的消息不断传出,但真正体验过数字人民币支付的人还很少。虽然已经在增加和扩大试点范围,但数字人民币距离全面推广尚有一定时间。

推广数字人民币,需要培养消费者的使用习惯,用引导的方式而非强制推行。理论上来讲,投入越多,推广越快。

如中国银行原行长李礼辉所说,预计未来5～10年,数字人民币将与微信支付、支付宝、云闪付、银行卡等支付工具并行。

"碰一碰"还是"扫一扫"?到时人们会更习惯于哪种支付方式,值得期待。

资料来源:胡小凤.数字人民币接入支付宝,"碰一碰"与"扫一扫"同场竞技[EB/OL].(2021-06-02)[2022-05-10].https://www.iyiou.com/analysis/2021062101871.

5.1 电子商务支付类型

5.1.1 电子支付

1. 电子支付的概念

电子支付(electronic payment),指的是通过电子信息化的手段实现交易中的价值与使用价值的交换过程,即完成支付结算的过程。《电子支付指引(第一号)》对电子支付的定义是:"电子支付是指单位、个人(以下简称客户)直接或授权他人通过电子终端发出支付指令,实现货币支付与资金转移的行为。"

电子支付的类型按电子支付指令发起方式分为网上支付、电话支付、移动支付、销售点终端交易、自动柜员机交易和其他电子支付。

2. 电子支付的发展历程

电子支付的发展可分为以下几个阶段(见图5-1):

第一阶段是银行利用计算机处理银行之间的业务,办理结算。

第二阶段是银行计算机与其他机构计算机之间资金的结算,如代发工资、代交水费、电费、煤气费、电话费等业务。

第三阶段是利用网络终端向用户提供各项银行服务,如用户在自动柜员机(ATM)上进行存、取款操作等。

第四阶段是利用银行销售点终端(POS)向用户提供自动扣款服务。

第五阶段是最新发展阶段,电子支付可随时随地通过互联网进行直接转账结算,形成电子商务环境。

图5-1 电子支付的发展历程

3. 电子支付的特征

实时在线电子支付是电子商务的关键环节,也是电子商务得以顺利发展的基础条件。其特征如下:

(1)利用信息技术,采用数字化方式进行支付;
(2)支付环境是开放的互联网;
(3)对支付的软硬件设施有很高的要求;
(4)支付方便,费用低;
(5)支付过程无形化。

4. 电子支付的方式

电子支付的方式很多,从电子支付发生的先后时间可将电子支付分为预支付、即时支付和后支付三类。电子支付方式的区别如表5-1所示。

表5-1 电子支付方式的区别

比较项目	预支付	即时支付	后支付
可接收性	低	低	高
匿名性	中	高	低
可兑换性	高	高	高
效率	高	高	低
灵活性	低	低	低
集成度	低	低	高
可靠性	高	高	高
可扩展性	高	高	高
安全性	中	高	中
适用性	中	中	高

5.1.2 网上支付

1. 网上支付概念

网上支付(online payment)是指客户、商家、网络银行(或第三方支付)之间使用安全电子手段,利用电子现金、银行卡、电子支票等支付工具通过互联网传送到银行或相应的处理机构,从而完成支付的行为和过程。

2. 网上支付的特点

(1)采用数字化的方式完成款项支付结算;
(2)网上支付具有方便、快捷、高效、经济的特性;
(3)网上支付具有轻便性和低成本性;
(4)网上支付与结算具有较高的安全性和一致性;
(5)网上支付可以提高开展电子商务的企业资金管理水平,不过也增大了管理的复杂性;
(6)银行提供网上支付结算的支持使客户的满意度与忠诚度均上升。

3. 网上支付的流程

以 internet 为基本平台的网上支付的一般流程如下：

(1)客户连接 internet,用 web 浏览器进行商品的浏览、选择与订购,填写网络订单,选择应用的网上支付结算工具,并得到银行的授权使用,如信用卡、电子钱包、电子现金、电子支票或网络银行账号等。

(2)客户机对相关订单信息如支付信息进行加密,在网上提交订单。

(3)商家电子商务服务器对客户的订购信息进行检查、确认,并把相关的经过加密的客户支付信息等转发给支付网关,直至银行专用网络的银行后台业务服务器进行确认,以期从银行等电子货币发行机构验证得到支付资金的授权。

(4)银行验证确认后,通过刚才建立起来的经由支付网关的加密通信通道,给商家服务器回送确认后通过支付结算信息,并为进一步的安全客户回送支付授权请求(也可没有)。

(5)银行得到客户传来的进一步授权结算信息后,把资金从客户账号转拨至开展电子商务的商家银行账号上,可以是不同的银行,后台银行与银行借助金融专网进行结算,并分别给商家、客户发送支付结算成功的信息。

(6)商家服务器接收到银行发来的结算成功信息后,给客户发送网络付款成功信息和通知。至此,一次典型的网上支付结算流程就结束了,商家和客户可分别借助网络查询自己的资金余额信息,以进一步核对。

图 5-2 是某电子商务网站网上支付结算流程。

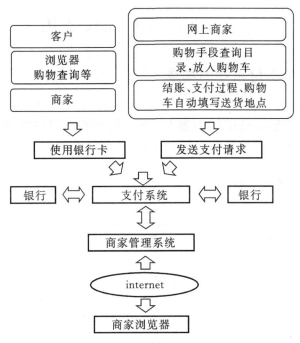

图 5-2　某电子商务网站网上支付结算流程

5.1.3 移动支付

1. 移动支付的概念

移动支付(mobile payment)是指运用互联网、移动通信、近场通信等信息技术手段,通过移动终端向银行等金融机构发送支付指令,用以购买商品或服务,并产生货币支付与资金转移的行为。

移动支付是互联网时代一种新型的支付方式,其以移动终端为中心,通过移动终端对所购买的产品进行结算支付。移动支付的主要表现形式为手机支付。在支付方式上,二维码支付占据移动支付主流地位。

2. 移动支付的特点

(1)时空限制小。互联网时代下的移动支付打破了传统支付对于时空的限制,使用户可以随时随地进行支付活动。移动支付以手机支付为主,用户可以用手机随时随地进行支付活动,不受时间和空间的限制。

(2)方便管理。用户可以随时随地通过手机进行各种支付活动,并对个人账户进行查询、转账、缴费、充值等功能的管理,用户也可随时了解自己的消费信息。这对用户的生活提供了极大的便利,也更方便用户对个人账户的管理。

(3)隐私度较高。移动支付是用户将银行卡与手机绑定,进行支付活动时,需要输入支付密码或指纹,且支付密码不同于银行卡密码。这使得移动支付较好地保护了用户的隐私,其隐私度较高。

(4)成本低。相对于其他支付手段,移动支付的成本较低,容易大规模推广。

5.2 电子商务支付系统

5.2.1 电子商务支付系统的构成

电子商务支付系统是指消费者、商家和金融机构之间使用安全手段交换商品或服务,即把新型支付手段包括电子现金、信用卡、智能卡等支付信息通过网络安全传送到银行或相应的处理机构来实现电子支付,是融购物流程、支付工具、安全技术、认证体系、信用体系以及现代的金融体系为一体的综合大系统。

电子商务常规支付系统的构成,见图5-3。

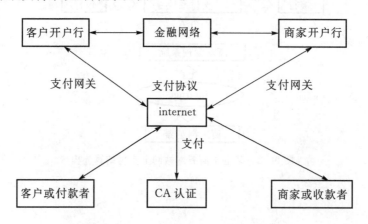

图5-3 常规电子商务支付系统的构成示意图

5.2.2 电子商务支付系统的功能

电子商务支付系统的功能主要有：
(1)使用数字签名和数字证书实现对各方的认证；
(2)使用加密技术对业务进行加密；
(3)使用消息摘要算法以确认业务的完整性；
(4)当交易双方出现纠纷时，保证对业务的不可否认性；
(5)能够处理贸易业务的多边支付问题。

5.3 电子支付工具

电子支付是发生在交易双方之间的一种新型支付方式，它运用先进的技术使交易过程中涉及的中间环节尽量减少，用硬件把交易中必须涉及的各方以电子化方式联系起来，这样交易信息可以迅速传递。信息技术的快速发展使得软、硬件不再是困扰交易双方的问题，而且为了更好地运用这一新的支付基础平台，许多非传统的金融工具也做了积极的尝试。除了不同种类的信用卡，还有许多电子支付工具活跃在电子商务领域。下面介绍几种主要的电子支付工具。

5.3.1 信用卡

目前，网上购物大部分人是使用信用卡和借记卡来进行支付的。信用卡和借记卡是银行或金融公司发行的授权持卡人在指定的商店或场所进行记账消费的凭证，是一种特殊的金融商品和金融工具。用户通过提供有效的卡号和有效期，商店就可以通过银行计算机网络与顾客进行结算。

信用卡和借记卡都是比较成熟的支付方式，在世界范围内得到广泛的应用。银行卡的最大优点是持卡人可以不用现金，凭卡购买商品和享受服务，其支付款项由发卡银行支付。银行卡支付通常涉及三方，即持卡人、商家和银行。支付过程包括清算和结算，前者指支付指令的传递，后者指与支付相关的资金转移。

目前，信用卡的支付包括无安全措施的信用卡支付、通过第三方代理的信用卡支付、简单加密信用卡支付、SET 信用卡支付等类型。

1. 无安全措施的信用卡支付

无安全措施的信用卡支付流程见图 5-4。

图 5-4 无安全措施的信用卡支付流程示意图

这种支付方法的特点主要有：
(1)风险主要由商家承受；
(2)消费者信用卡信息被商家掌握；
(3)信用卡信息传递不安全。

2. 通过第三方代理的信用卡支付

通过第三方代理进行的信用卡支付行为在整个支付过程中加入了一个重要的组成——第三方代理机构,这个机构主要起到一个支付监督和中介的作用。其支付流程如图5-5所示。

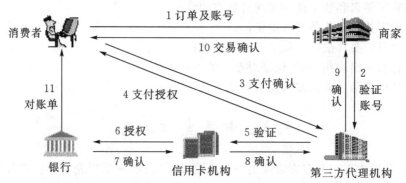

图5-5 通过第三方代理的信用卡支付流程示意图

这种支付方法具有以下特点:
(1)用户需要在第三方代理人处开设账号,可在线或离线;
(2)信用卡信息一般不在开放网络上传递(信用卡验证通过专用网络进行);
(3)一般通过电子邮件确认用户身份;
(4)支付是通过双方都信任的第三方完成的,商家风险小;
(5)成本低,使用灵活,适用于小额交易。

3. 简单加密的信用卡支付

这种支付方法在加入第三方代理机构的基础上又引入了加密机制,进一步保证了电子商务支付的安全性。其支付流程如图5-6所示。

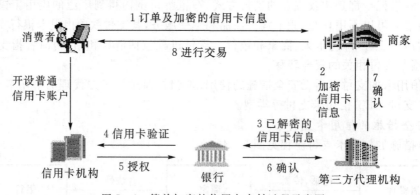

图5-6 简单加密的信用卡支付过程示意图

这种支付方法具有以下特点:
(1)用户只需开设普通信用卡账户,且在支付时只需提供信用卡号码,使用方便;信用卡信息虽然在公开网络上传递,但内容已经过对称和不对称加密处理,传递也采用S-HTTP、SSL等安全协议。
(2)常要启用身份认证系统,以数字签名确认信息的真实性、完整性和不可否认性。
(3)成本高,因为需要在线的加密、认证、授权及信息的安全传递,故不适用于小额交易。

4. SET信用卡支付

SET信用卡支付是安全系数最高的一种信用卡支付方法,它以SET协议为基础进行电子商务支付,体现了支付过程的安全性和高效性。其支付流程如图5-7所示。

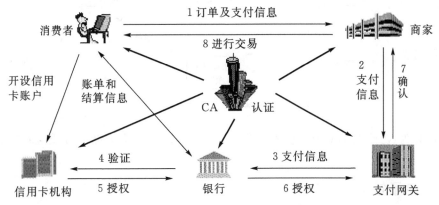

图5-7 SET信用卡支付过程示意图

在图5-7中可以清楚地看到,在SET支付过程中有五个参与方:持卡人、发卡机构、商家、银行和支付网关,其中银行是在线支付的关键所在。

SET信用卡支付的特点如下:
(1)订单信息和账号信息在互联网上安全传输;
(2)订单信息和账号信息的隔离(即商家只能看到订单信息,而看不到账户信息;信用卡机构只能看到账户信息,却看不到订货信息);
(3)通过第三方权威机构,为交易各方提供身份认证直至信用担保;
(4)要求遵循相同的协议和报文格式。

5.3.2 数字现金

数字现金又称电子现金,是一种以数据形式存在的现金货币,它把对应的现金数值转换成为一系列的加密序列数,通过这些序列数来表示现实中各种金额的币值。

要使用数字现金,用户只需在开展数字现金业务的银行开设账户并在账户内存钱,在用户对应的账户内就生成了具体的数字现金,在承认数字现金的商店购物,从账户划拨数字现金即可。如现在的游戏账户、QQ账户等都是常见的数字现金。

数字现金表现形式主要有预付卡和纯数字现金两种。用户通过一个适合于在互联网上进行的实时支付系统,把现金数值转换成一系列的加密序列数,再通过这些序列数来模拟现实中各种金额的币值。

数字现金具有以下特点:
(1)买方、卖方和银行之间应有协议和授权关系,并使用相同的数字现金软件;
(2)银行在发放数字现金时使用了数字签名(银行的私钥),因而由数字现金本身实现身份验证(买卖双方无法伪造,并可独立验证);
(3)银行负责对数字现金的核对,以及买卖双方之间的资金转移;
(4)安全支付,银行不会受到欺骗(数字签名),卖方不会遭受拒绝兑现(经银行验证),买方不会泄露隐私(与卖方无关);
(5)数字现金具有现金的特点,可存入、取出、转让,但也可能遗失;
(6)数字现金面额可以与现金不同,适合于小额支付。

数字现金的使用步骤见图5-8。

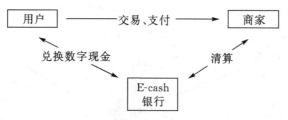

图 5-8　数字现金的使用步骤示意图

具体步骤为：①购买 E-cash；②存储 E-cash；③用 E-cash 购买商品或服务；④资金清算；⑤确认订单。

5.3.3　电子钱包

电子钱包是电子商务购物（尤其是小额购物）活动中常用的一种支付工具。严格意义上讲，电子钱包只是银行卡或数字现金支付的一种模式，不能作为一种独立的支付方式，因为其本质上依然是银行卡支付或电子现金支付。电子钱包的表现形式有两种：一种是智能卡形式，另一种是电子钱包软件形式，这是电子钱包主要的表现形式。

电子钱包购物付款的过程见图 5-9。

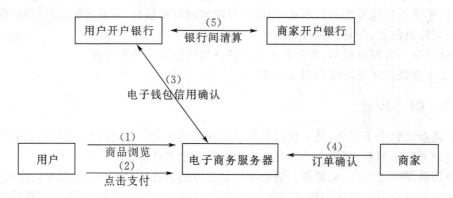

图 5-9　使用电子钱包的购物过程示意图

具体步骤如下：

(1) 客户和商家达成购销协议并选择用电子钱包支付。

(2) 客户选定用电子钱包付款并将电子钱包装入系统，输入保密口令并进行付款。

(3) 电子商务服务器进行合法性确认后，在商业银行之间进行应收款项和账务往来的电子数据交换和结算处理。

(4) 商业银行证明电子钱包付款有效并授权后，商家发货并将电子收据发给客户；与此同时，销售商留下整个交易过程中发生往来的财务数据。

(5) 商家按照客户提供的电子订货单将货物在发送地点交到客户或其指定人手中。

5.3.4　电子支票

电子支票是客户向收款人签发的、无条件的数字化支付指令。电子支票是网络银行常用的一种电子支付工具。电子支票将传统支票改变为带有数字签名的电子报文，或利用其他数字电文代替传统支票的全部信息。利用电子支票，可以使支票的支付业务和支付过程电子化。

网络银行和大多数银行金融机构通过建立电子支票支付系统,在各个银行之间发出和接收电子支票,向用户提供电子支付服务。

作为比较,可以先看看传统支票的支付过程,见图5-10。

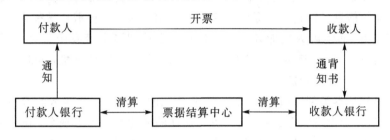

图 5-10 传统支票支付过程示意图

电子支票包含三个实体,即买方、销售方以及金融机构。通常情况下,电子支票的收发双方都需要在银行开有账户,让支票交换后的票款能直接在账户间转移,而电子支票付款系统则提供身份认证、数字签名等,以弥补无法面对面地进行交换所带来的缺陷。电子支票目前主要是通过专用网络系统进行传输。其特点如下:

(1)电子支票应具有银行的数字签名,以便验证和防止伪造。
(2)支付时,买方要以私钥加以数字签名,并以卖方的公钥进行加密。
(3)收到时,卖方先以私钥解密,再以买方公钥验证签名,最后向银行审核。
(4)卖方定期将电子支票存入银行,由银行负责资金转移。
(5)适用于各种交易额的支付(主要用于大额支付,比如与EDI的结合等)。

电子支票的使用步骤具体为:用户可以在网络上生成一个电子支票,然后通过互联网将电子支票发向商家的电子信箱,同时把电子付款通知单发到银行。像纸质支票一样,电子支票需要经过数字签名,被支付人数字签名背书,使用数字凭证确认支付者/接收者身份、支付银行以及账户,金融机构就可以根据签过名和认证过的电子支票把款项转入商家的银行账户。电子支票的交易流程如图5-11所示。

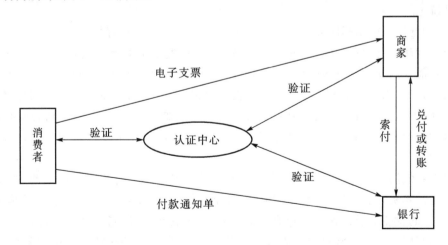

图 5-11 电子支票交易流程示意图

5.3.5 智能卡

智能卡是一种塑料卡,但它与其他卡的不同之处在于:它内部有一块集成电路芯片。一块这样的芯片存储的信息可以达到磁条卡所存信息的 100 倍。这种卡片被称为"智能"并非因为它能存储很多信息,而是因为它能处理这些信息。有些智能卡带有微型处理器,可以称得上"智能",但相对较贵。智能卡其实是没有键盘、显示器和电源的计算机,其他如激光卡、磁条卡等是没有芯片的,只能算半智能卡。

智能卡有两种基本类型:一次性的和可重复使用的。一次性智能卡的价值在于用户可以用它来消费,但这种卡没有安全保护,所以丢了这样的卡就等于丢了现金;相反,可重复使用的智能卡有记忆功能,安全性也很高,这种卡在一块芯片上能够处理多种应用,还可结合密码验证和加密解密技术提供更高的安全性。

如今,智能卡已在世界范围内广泛应用。在欧洲,数以万计的社保卡是智能卡,怀孕的妇女可以通过智能卡观察她们的怀孕期;在法国,智能卡用于交通领域,司机只要将智能卡在一个"小洞"前作验证即可。还有一些智能卡,能够像 E-cash 那样可存钱,最多可存 6 种不同货币,这种特性使得一些公司高层管理人员更舒适地作境外游。

智能卡最早是在法国问世的。20 世纪 70 年代中期,法国 Moreno 公司采取在一张信用卡大小的塑料卡片上安装嵌入式存储器芯片的方法,率先开发成功 IC 存储卡。经过几十年的发展,真正意义上的智能卡,即在塑料卡上安装嵌入式微型控制器芯片的 IC 卡,已由摩托罗拉和 Bull HN 公司共同于 1997 年研制成功。

智能卡的结构主要包括三个部分:

(1)建立智能卡的程序编制器。程序编制器在智能卡开发过程中使用,它从智能卡布局的层次描述了卡的初始化和个人化创建所有需要的数据。

(2)处理智能卡操作系统的代理。它包括智能卡操作系统和智能卡应用程序接口的附属部分。该代理具有极高的可移植性,它可以集成到芯片卡阅读器设备或个人计算机及客户机/服务器系统上。

(3)作为智能卡应用程序接口的代理。该代理是应用程序到智能卡的接口。它有助于对不同智能卡代理进行管理,并且还向应用程序提供了一智能卡类型的独立接口。

由于智能卡内安装了嵌入式微型控制器芯片,因而可储存并处理数据。卡上的价值受用户的个人认识码(PIN)保护,因此只有用户能访问它。多功能的智能卡内嵌入有高性能的中央处理器(CPU),并配备有独自的基本软件(OS),能够如同个人电脑那样自由地增加和改变功能。这种智能卡还设有"自爆"装置,如果犯罪分子想打开 IC 卡非法获取信息,卡内软件上的内容将立即自动消失。

智能卡系统的工作过程是:首先,在适当的机器上启动用户的互联网浏览器,这里所说的机器可以是计算机,也可以是一部终端电话,甚至是付费电话;然后,通过安装在计算机上的读卡机,将用户的智能卡登录到为用户服务的银行 web 站点上,智能卡会自动告知银行用户的账号、密码和其他一切加密信息;完成这两步操作后,用户就能够从智能卡中下载现金到厂商的账户上,或从银行账号下载现金存入智能卡。例如,用户想购买一束 20 元的鲜花,当用户在花店选中了满意的花束后,将用户智能卡插入花店的计算机中,登录到用户的发卡银行,输入密码和花店的账号,片刻之后,花店的银行账户上增加了 20 元,而用户的现金账面上正好减少了这个数。当然,用户买到了一束鲜花。

在电子商务交易中,智能卡的应用类似于实际交易过程。只是用户在自己的计算机上选好商品后,键入智能卡的号码登录到发卡银行,并输入密码和商家的账号,完成整个的支付过程。

 知识导航

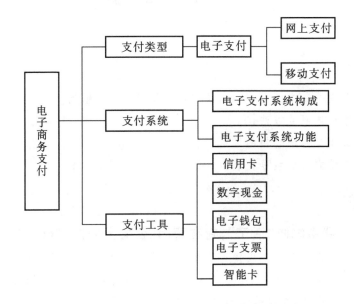

 思考与练习

1. 什么叫电子支付？电子支付具体有哪几种方式？
2. 比较几种常见的电子支付工具的异同,列表详述各自特点。
3. 什么叫数字现金？简述数字现金支付的交易流程。
4. 谈谈如何通过完善我国的电子支付系统来促进我国电子商务的发展,并阐述可以采取哪些措施。

实训任务

请同学们以小组为单位,通过查找资料了解我国数字人民币试点工作的进展。

即测即评

第6章 网络营销

学习目标

1. 熟记网络营销的基本概念、特点,了解网络营销的理论基础;
2. 掌握网络市场调研的方法;
3. 了解网络营销与传统营销的区别与联系;
4. 熟悉网络营销方法的主要内容。

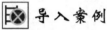

瑞幸咖啡"活了",它在营销、公关上做对了什么?

近一个月,受"财报发布""完成债务重组""饿了么平台价格 bug"等事件的催动,瑞幸咖啡频繁登上各大社交平台热搜榜,品牌曝光量显著增加,其中,"瑞幸活了"相关内容的呼声较高。下面通过剖析其近期舆情,探讨瑞幸如何成功营销,如何公关。

财报发布与债务重组

2022年3月24日,瑞幸咖啡发布2021年第四季度及2021财年未经审计的财务报告,"年收入翻倍""门店年度盈利"迅速吸引了证券日报、同花顺财经、澎湃财经、大摩财经等财经媒体关注,曝光量小幅波动。

新浪财经国际组官博"环球市场播报"发起的#如何看待瑞幸门店数量超越星巴克#登上热搜。网友直呼"瑞幸要复活了",凭借"价格便宜""性价比""接地气"等优势成为大众所爱。中国经济周刊、中国经济网、亿邦动力等相继发文关注,品牌曝光量保持稳定。

4月11日,瑞幸咖啡官网公告称,公司已经完成金融债务重组,公司已走出破产程序。截至当日收盘,瑞幸在粉单市场收报9.19美元/ADS,涨3.72%,总市值约26.56亿美元。

4月14日,瑞幸咖啡对外公布已向美国证监会提交经审计的2021年财务报告。

主流舆论对瑞幸营收状况讨论热烈。业绩数据方面,得益于交易用户数的大幅增长,以及产品销量提升等因素,瑞幸自营门店同店销售额仍增长强劲。战略布局方面,瑞幸调整战略布局,采取精细化运营的策略,实现公司健康有序发展,推动公司经营进入良性增长轨道。

其中,爆款"生椰拿铁"截至4月6日销量突破1亿杯;2021年9月签下谷爱凌,并于冬奥期间获得了一大波流量。

业内点评瑞幸咖啡完成金融债务重组,标志着其已全面解决历史遗留问题,回归正常公司状态。在整体餐饮业较低迷的状态下,瑞幸业绩表现优异,标志着瑞幸咖啡已经进入了全新的发展时期。对于能否二度上市,业内则普遍认为短期内并不现实。

瑞幸饿了么平台价格异常

4月18日早间8点左右,有网友反馈,瑞幸咖啡饿了么平台出现超低价格,单价仅需几元一杯。9点41分,瑞幸咖啡发布道歉信称,低价订单产生的原因是饿了么后台价格配置问题导致的价格错误,已取消了"异常订单",且暂时关闭了饿了么平台。11时8分,瑞幸咖啡微博转载道歉信称,经核查,是瑞幸内部运营人员配置失误导致,给饿了么和大家添麻烦了,已经在处理后续问题。

4月19日,瑞幸再度声明称,此次所有损失由瑞幸咖啡全部承担,并将于当日陆续为饿了么所有退单用户补发"32元代金券",有效期至4月30日。同时,因为前一日早高峰等待时间异常而取消订单的用户,也将补偿优惠券。

本次事件中,媒体客观报道网友晒单、瑞幸道歉信等,中国新闻网、大洋网发布的《瑞幸取消bug订单,却合理合法?》相关解读文章经由各地普法、资讯账号转发成为主流舆论。

北京德翔律师事务所主任安翔表示,瑞幸问题订单的折扣不到一折,与原价相去甚远,依照生活常理来看,可以判断存在价格设定失误的事实。因此,所谓消费者"薅羊毛"行为在法律上很难得到支持。

首份道歉并未获得所有消费者认可,网友对"未告知被取消"极其不满,甚至表态"粉转黑"。有网友认为,本次出现bug的涉及新品"椰云拿铁",猜测是故意为之,恶意营销。随着主流媒体、专家的解读引导,网友情绪趋于理性,调侃为主。

舆情点评

瑞幸咖啡实现有效曝光得益于主动策划宣传和舆情有效引导。

1. 把握宣传节奏,实现品牌持续曝光

在"财报季"这一关键节点,瑞幸发布未经审计的财务报告,同时投放稿件吸引关注,并在社交平台发起与竞争对手对比的相关讨论,进一步扩大受众面;完成债务重组以及审计后的财报发布后,瑞幸围绕"业务调整""未来方向"等展开宣传,拉长周期,增加曝光量。

2. 投放央媒、财经媒体,提升稿件传播质量

央媒、重点财经媒体代表着权威、专业,它们的参与有效提高了稿件传播权重,巩固"中国最大的连锁咖啡品牌之一""强劲的发展势头"等品牌印象,重塑品牌形象,增强市场信心。

3. 快速回应市场争议,有效引导舆论

"价格bug"发现后,及时止损,诚恳道歉并表示考虑补偿。对于"是否合法"这一最大争议,主流媒体、专业人士的解读有效遏制了负面舆情的爆发,引导网友回归理性。

4. 尊重消费者才能赢得市场

从bug事件中可以发现,网友对于恶意营销手段较为反感,且极易消费大众对品牌的信任,由此反映出的是只有对市场尊重才能赢得市场。

资料来源:知小微,知微数据. 瑞幸咖啡"活了",它在营销、公关上做对了什么?[EB/OL]. (2022-05-04)[2022-05-10]. https://m. thepaper. cn/baijiahao_17812047.

6.1 网络营销与市场营销

6.1.1 市场营销的含义

美国市场营销协会对市场营销的定义：市场营销是在创造、沟通传播和交换产品中，为顾客、客户、合作伙伴以及整个社会带来价值的一系列活动、过程和体系。

菲利普·科特勒(Philip Kotler)对市场营销的定义强调了营销的价值导向：市场营销是个人和集体通过创造并同他人交换产品和价值以满足需求和欲望的一种社会和管理过程。

菲利普·科特勒于1984年对市场营销又下了定义：市场营销是指企业的这种职能——认识目前未满足的需要和欲望，估量和确定需求量大小，选择和决定企业能最好地为其服务的目标市场，并决定适当的产品、劳务和计划(或方案)，以便为目标市场服务。

麦卡锡(E. J. Mccarthy)于1960年也对微观市场营销下了定义：市场营销是企业经营活动的职责，它将产品及劳务从生产者直接引向消费者或使用者以便满足顾客需求及实现公司利润，同时也是一种社会经济活动过程，其目的在于满足社会或人类需要，实现社会目标。这一定义虽比美国市场营销协会的定义前进了一步，指出了满足顾客需求及实现企业赢利成为公司的经营目标，但这两种定义都说明，市场营销活动是在产品生产活动结束时开始的，中间经过一系列经营销售活动，当商品转到用户手中就结束了，因而把企业营销活动仅局限于流通领域的狭窄范围，而不是视为企业整个经营销售的全过程，即包括市场营销调研、产品开发、定价、分销广告、宣传报道、销售促进、人员推销、售后服务等。

6.1.2 网络营销的含义与特点

1. 网络营销的含义

网络营销(online marketing 或 E-marketing)就是以互联网为基础，利用数字化的信息和网络媒体的交互性来辅助营销目标实现的一种市场营销方式。简单地说，网络营销就是以互联网为主要手段进行的，为达到一定营销目的的营销活动。

2. 网络营销的特点

随着互联网技术发展的成熟以及互联网成本的低廉，互联网好比是一种万能胶，将企业、团体、组织以及个人跨时空联结在一起，使得他们之间信息的交换变得唾手可得。市场营销中最重要也最本质的是组织和个人之间进行信息传播和交换。如果没有信息交换，那么交易就是无源之水。正因如此，互联网具有营销所要求的某些特性，使得网络营销呈现出以下一些特点。

(1)时域性。营销的最终目的是占有市场份额，由于互联网能够超越时间约束和空间限制进行信息交换，使得营销脱离时空限制进行交易变成可能，企业有了更多时间和更大的空间进行营销，可每周7天、每天24小时随时随地地提供全球性营销服务。

(2)富媒体。互联网被设计成可以传输多种媒体的信息，如文字、声音、图像等信息，使得为达成交易进行的信息交换能以多种形式存在和交换，可以充分发挥营销人员的创造性和能动性。

第6章 网络营销

(3)交互式。互联网通过展示商品图像,用商品信息资料库提供有关的查询,来实现供需互动与双向沟通;还可以进行产品测试与消费者满意调查等活动。互联网为产品联合设计、商品信息发布以及各项技术服务提供最佳工具。

(4)个性化。互联网上的促销是一对一的、理性的、消费者主导的、非强迫性的、循序渐进式的,而且是一种低成本与人性化的促销,避免推销员强势推销的干扰,并通过信息提供与交互式交谈,与消费者建立长期良好的关系。

(5)成长性。互联网使用者数量快速成长并遍及全球,使用者多为年轻人、中产阶级等群体,由于这部分群体购买力强而且具有很强市场影响力,因此是一项极具开发潜力的市场渠道。

(6)整合性。一方面,互联网上的营销可由商品信息至收款、售后服务一气呵成,因此是一种全程的营销渠道。另一方面,企业可以借助互联网将不同的营销活动进行统一设计规划和协调实施,以统一的传播资讯向消费者传达信息,避免不同传播中不一致性产生的消极影响。

(7)超前性。互联网是一种功能强大的营销工具,它同时兼具渠道、促销、电子交易、顾客服务互动以及市场信息分析与提供等多种功能。它所具备的一对一营销能力,正是符合定制营销与直复营销的未来趋势。

(8)高效性。计算机可储存大量的信息供消费者查询,可传送的信息数量与精确度远超过其他媒体,并能因应市场需求,及时更新产品或调整价格,因此能及时有效了解并满足顾客的需求。

(9)经济性。通过互联网进行信息交换,代替以前的实物交换,一方面可以减少印刷与邮递成本,可以无店面销售,免交租金,节约水电与人工成本;另一方面可以减少由于迂回多次交换带来的损耗。

(10)技术性。网络营销是建立在互联网基础上的,企业实施网络营销必须有一定的技术投入和技术支持,改变传统的组织形态,提升信息管理部门的功能,引进懂营销与计算机技术的复合型人才,未来才能具备市场的竞争优势。

▶ 6.1.3 网络营销与传统营销的关系

1. 网络营销对传统营销策略的冲击

根据前面的分析,依托互联网而产生的网络营销,作为一种新的营销理念和营销方法,与传统的市场营销相比,具有跨时空、多媒体、交互式、拟人化、成长性、整合性、超前性、高效性、经济性和技术性等十个方面的特点,这十个方面的特点使得企业传统的经营模式相形见绌。在当前网络环境不断发展的情况下,具有较强实践性的网络营销发展速度也很快,企业传统的经营模式很难与网络进行调和。例如,企业的虚拟性、营销活动的跨时空和全球性操作、企业和客户及时的信息互动等,通过互联网可以不费吹灰之力就完成,用传统营销的方法和手段是难以想象的。21世纪是信息和网络的世纪,因此,企业的营销活动必然也将进入信息化和网络化。

(1)对标准化产品的冲击。作为一种新型媒体,互联网可以在全球范围内进行市场调研。通过互联网可以迅速获得关于产品概念和广告效果测试的反馈信息,也可以测试顾客的认同水平,从而更加容易地对消费者行为方式和偏好进行跟踪。

(2)对品牌全球化管理的冲击。与现实企业的单一品牌与多品牌的决策相同,对一个开展网络营销的公司的主要挑战是如何对全球品牌和共同的名称或标志识别进行管理。

(3)对定价策略的冲击。如果公司某种产品的价格标准不统一或经常改变,客户将会通过互联网认识到这种价格的差异,并可能因此而对公司产生不满。所以相对于目前的各种传统媒体来说,互联网先进的网络浏览功能会使变化不定的且存在差异的价格水平趋于一致。

(4)对营销渠道的冲击。在网络环境下,生产商可以通过互联网与最终用户直接联系,因此,中间商的重要性将有所降低。

(5)对传统广告障碍的消除。企业开展网络营销主要通过互联网发布网络广告进行网上销售,由于网络空间具有无限扩展性和高效率,网络广告将消除传统广告的障碍。

2. 网络营销对传统营销方式的冲击

(1)重新营造顾客关系。网络营销环境下的企业竞争是一种以顾客为焦点的竞争形态。争取新顾客、留住老顾客、扩大顾客群、建立亲密的顾客关系、分析顾客需求、创造顾客需求等,都是最关键的营销课题。

(2)对营销战略的影响。互联网所具有的平等性、自由性和开放性等特征,使得网络时代企业的市场竞争是透明的,人人都能掌握竞争对手的产品信息与营销作为。因此,胜负的关键在于如何适时地获取、分析、运用这些在网络上获得的信息,来研究并采用具有优势的竞争策略。

(3)对跨国经营的影响。在网络时代,企业开展跨国经营是非常必要的。在过去分工经营的时期,企业只需专注于本行业和本地区的市场,而将其在国外的市场委托给代理商或贸易商去经营。但互联网所具有的跨越时空连接全球功能,使得进行全球营销的成本低于地区营销,因此企业将不得不进入跨国经营的时代。

(4)企业组织的重整。互联网的发展带动了企业内部网的蓬勃发展,使得企业的内外沟通与经营管理均需要依赖网络作为主要的渠道与信息源。其结果对企业所带来的影响包括:业务人员与直销人员减少、组织层次减少、经销代理与分店门市数量减少、营销渠道缩短,以及虚拟经销商、虚拟门市、虚拟部门等企业内外部的虚拟组织盛行。这些影响与变化,都将促使企业对于组织再造工程的需要变得更加迫切。

3. 网络营销与传统营销的整合

(1)网络营销不可能完全取代传统营销。随着互联网在全球的迅速发展,依托互联网的环境和优越性而产生的网络营销,作为一种新的营销理念和策略,与传统营销相比,有许多与生俱来、令传统营销方式可望而不可即的优势,并对企业的传统经营方式形成了巨大的冲击。但是,由于种种实际的原因,网络营销不可能完全取代传统营销。事实上,网络营销与传统营销是一个整合的过程,即使在今后可预见的很长的一段时期,网络营销和传统营销将互相影响、互相补缺和互相促进,直至将来最后实现相互融合的内在统一。

(2)整合营销的概念。网络营销与传统营销的整合称为整合营销,其实际上是利用整合营销的策略来实现以消费者为中心的传播统一性和双向沟通,用目标营销的方法来开展企业的营销活动。整合营销包括了传播统一性、双向沟通和目标营销三个方面的内容。

①传播的统一性。传播的统一性指企业以统一的传播资讯向消费者传达,即用一个声音来说话,消费者无论从哪种媒体所获得的信息都是统一的、一致的。

②双向沟通。与消费者的双向沟通,是指消费者可与公司展开富有意义的交流,可以迅速、准确、个性化地获得信息、反馈信息。

③目标营销。目标营销是指企业的一切营销活动都应该围绕企业的目标来进行,以实现目标营销。整合营销已从理论上离开了在传统营销理论中占中心地位的4P理论,逐渐转向以4C理论为基础和前提,其所主张的内在关系都是围绕消费者为中心展开的,这集中体现为4C策略,如图6-1所示。

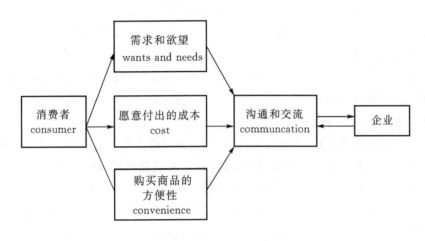

图 6-1 4C 理论示意图

6.1.4 网络营销与电子商务

网络营销与电子商务研究的范围不同。电子商务的内涵很广,其核心是电子化交易,电子商务强调的是交易方式和交易过程的各个环节,而网络营销注重的是以互联网为主要手段的营销活动。网络营销和电子商务的这种关系也表明,发生在电子交易过程中的网上支付和交易之后的商品配送等问题并不是网络营销所能包含的内容,同样,电子商务体系中所涉及的安全、法律等问题也不适合全部包括在网络营销中。

网络营销与电子商务的关注重点不同。网络营销的重点在交易前阶段的宣传和推广,电子商务的标志之一则是实现了电子化交易。网络营销的定义已经表明,网络营销是企业整体营销战略的一个组成部分,可见无论传统企业还是基于互联网开展业务的企业,也无论是否有电子化交易的发生,都需要网络营销,但网络营销本身并不是一个完整的商业交易过程,而是为了促成交易提供信息支持,因此是电子商务中的一个重要环节,尤其在交易发生之前,网络营销发挥着主要的信息传递作用。从这种意义上说,电子商务可以被看作是网络营销的高级阶段,一个企业在没有完全开展电子商务之前,同样可以开展不同层次的网络营销活动。

所以说,电子商务与网络营销实际上是密切联系的,网络营销是电子商务的组成部分,实现电子商务一定是以开展网络营销为前提的。

6.2 网络营销理论

6.2.1 网络直复营销理论

直复营销(direct marketing)是依靠产品目录、印刷品邮件、电话或附有直接反馈的广告以及其他相互交流形式的媒体的大范围营销活动。美国直复营销协会(ADMA)为直复营销下的定义：直复营销是一种为了在任何地方产生可度量的反应和(或)达成交易而使用一种或多种广告媒体的相互作用的市场营销体系。基于网络的直复营销将更加吻合直复营销的理念，这里所说的网络就是互联网。在互联网上的网络直复营销具体表现在以下几个方面。

1. 直复营销的互动性

互联网是一个自由的、开放的双向式信息沟通网络，作为营销者的生产企业与作为消费者的顾客之间可以实现直接的一对一的信息交流与沟通。

2. 直复营销的跨时空特征

直复营销活动强调的是在任何时间、任何地点，都可以实现营销者与顾客的双向信息的交流。互联网的持续性和全球性的特征，使得顾客可以通过互联网，在任何时间、任何地点直接向作为营销者的生产企业提出服务请求或反映问题；企业也可以利用互联网，低成本地跨越地域空间和突破时间限制与顾客实现双向交流。因为互联网是一种能够在全球范围内、全天候自动地提供网上信息交流的工具，这样顾客就可以根据自己的需要，安排在任何时间、任何地点上网获取信息。

3. 直复营销的一对一服务

直复营销活动最关键的是为每个作为目标的顾客，提供直接向营销者反映情况的通道。这样企业可以凭借顾客反应，找到自己的不足之处，为下一次直复营销活动做好准备。互联网的方便、快捷性，使得顾客可以方便地通过互联网直接向企业提出购买需求或建议，也可以直接通过互联网获取售后服务。企业也可以从顾客的建议、需求和希望得到的服务中，找出企业的不足，改善经营管理，提高服务质量。

4. 直复营销的效果可测定

直复营销还有一个最重要的特性，就是其活动的效果是可测定的。互联网作为最直接的简单沟通工具，可以很方便地为企业与顾客进行交易时提供沟通支持和交易平台。通过数据库技术和网络控制技术，企业可以很方便地处理每一位顾客的购物订单和需求，而不用考虑顾客的规模大小、购买量的多少。这是因为互联网的沟通费用和信息处理成本非常低廉。因此，通过互联网可以以最低成本、最大限度地满足顾客需求，同时还可以了解顾客的需求，细分目标市场，提高营销效率和效用。

6.2.2 网络软营销理论

网络软营销理论实际上是针对工业经济时代的大规模生产为主要特征的"强势营销"而提出的新理论，它强调企业在进行市场营销活动时，必须尊重消费者的感受和体验，让消费者乐意地主动接受企业的营销活动。

1. 网络软营销与传统强势营销的区别

我们先了解一下什么是"强势营销"。在传统的营销活动中最能体现强势营销活动特征的是两种常见的促销手段：传统广告和人员推销。对传统广告，人们常常会用"不断轰炸"这个词来形容，它试图以一种信息灌输的方式在消费者的心目中留下深刻印象，至于消费者是否愿意接受、需不需要这类信息则从不考虑，这就是一种强势。人员推销也是如此，它根本就不考虑被推销对象是否需要，也不征得用户的同意，只是根据推销人员自己的判断，强行展开推销活动。

概括地说，软营销与强势营销的根本区别在于：软营销的主动方是消费者，而强势营销的主动方是企业。消费者在心理上要求自己成为主动方，而网络的互动特性又使他们变为主动方真正成为可能。

2. 网络软营销中两个重要概念

网络社区（network community）和网络礼仪是网络营销理论中所特有的两个重要的基本概念，是实施网络软营销的基本出发点。

网络社区是指那些具有相同兴趣、目的，经常相互交流、互利互惠，能给每个成员以安全感和身份意识等特征的互联网上的单位或个人所组成的团体。网络社区也是一个互利互惠的组织。在互联网上，今天你为一个陌生人解答了一个问题，明天他也许能为你回答另外一个问题，即使你没有这种功利性的想法，仅怀一腔热心去帮助别人也会得到回报。由于你经常在网上帮助别人解决问题，会逐渐为其他成员所知而成为网上名人，有些企业也许会就此而雇用你。另外，网络社区成员之间的了解是靠他人发送信息的内容，而不像现实社会中的两个人之间的交往。在网络上，如果有人想隐藏自己，这就增加了在网上交流的安全感，因此在网络社区这个公共论坛上，人们会就一些有关个人隐私或他人公司的一些平时难以直接询问的问题而展开讨论。基于网络社区的特点，不少敏锐的营销人员已在利用这种普遍存在的网络社区的紧密关系，使之成为企业利益来源的一部分。

网络礼仪是互联网自诞生以来所逐步形成与不断完善的一套良好、不成文的网络行为规范，如不使用电子公告牌（BBS）张贴私人的电子邮件，不进行喧哗的销售活动，不在网上随意传递带有欺骗性质的邮件，等等。网络礼仪是网上一切行为都必须遵守的准则。

▶ 6.2.3　网络整合营销理论

网络整合营销是近年来发展起来的一种营销模式，是利用互联网特性和技术，更加有效、高性价比地完成整合营销计划，从而精准地实施营销策略，实现企业营销的高效率、低成本、大影响。网络整合营销强调把顾客整合到整个营销过程中来，从顾客的需求出发，在最大限度地满足顾客需求的基础上，实现企业利润的最大化。整合营销将企业营销战略的重心从4P转移到了4C，体现了"以顾客为中心"以及注重沟通的思想。

1. 网络营销的产品和服务以消费者为中心

由于互联网具有很好的引导性和互动性，消费者便可以通过互联网在企业的引导下对产品或服务进行选择或提出具体要求。一方面，企业可以根据消费者的选择或对产品的具体要求,及时组织生产并及时为消费者提供服务,使得消费者能跨时空地得到满足其要求的产品和服务。另一方面,企业也可以及时地了解消费者的需求,并根据消费者提出的具体要求,及时组织生产和销售,提高企业的生产效率和营销效率。如图6-2所示,戴尔(Dell)公司在互联网上开设了官方商城,用户通过互联网,不仅可以在公司设计的主页上任意选择各种类型的电脑产品,而且还可以根据需要和可能随意配置和组合电脑产品,公司的生产部门马上按用户要求组织生产,并在规定的时间内送货上门、安装调试。因此,公司可以实现零库存生产。

图6-2 Dell公司官方商城

2. 网络营销的产品销售以方便消费者为主

网络营销是一对一的分销,是跨越时空的销售方法,消费者可以随时随地地利用互联网进行订货(或预约)和购买商品(或取得服务)。

3. 网络营销以消费者能接受的成本定价

传统企业以生产成本为基准的定价方式在以市场为导向的营销中必须予以摒弃。新型的价格应是以消费者能够并愿意接受的成本来制定,并依据消费者能够并愿意接受的成本来组织生产和销售。企业以消费者为中心进行定价,必须测定市场中消费者的需求以及对价格认同的标准,否则以消费者接受的成本来定价将成为空中楼阁。企业在互联网上可以很容易地实现这些要求,消费者可以通过互联网向企业提出自己愿意接受的价格,企业则可以根据消费者愿意接受的价格成本提供柔性的产品设计和生产方案供消费者选择,直到消费者认同确认以后再组织生产或销售。以上所有这些交互的过程都是消费者在企业的服务程序的引导之下完成的,并不需要专门的营销服务人员陪同,因此营销成本也极其低廉。

4. 网络营销使强制式促销转向加强与消费者的沟通和联系

传统的促销以企业为主体,通过一定的媒体或人员对消费者进行强制式的灌输,以加强消费者对其企业和产品的接受度和忠诚度,消费者完全处于被动状态,缺乏企业与消费者之间的沟通和联系,这种促销方式使企业的促销成本逐年上升。而网络营销,则借助于互联网,其营销是一对一和交互式的,消费者完全可以参与到企业的营销活动中来。因此,企业借助互联网更能加强企业与消费者的沟通和联系,企业更能了解消费者的需求,也更易引起消费者的认同。

6.2.4 网络定制营销理论

定制营销是指企业在大规模生产的基础上,将每一位顾客都视为一个单独的细分市场,根据个人的特定需求来进行市场营销组合,以满足每位顾客的特定需求的一种营销方式。

互联网技术的发展有助于改善企业与顾客的关系,随着企业与顾客相互了解的增加,网络营销活动将更适合于定制。网络定制营销又称在线个性化定制,它不同于传统的定制营销,具有以下几个特点。

1. 规模化生产

网络营销仍然以大规模生产为基础,借助产品设计和生产过程的重新组合可以更好地满足顾客日益个性化的需求,同时又不失规模经济效益。

2. 网络数据库营销

网络企业在定制营销时,通常以顾客数据库为营销工具。企业将自己与顾客发生的每一事项都记录下来,如网络顾客购买的时间、数量、价格、特定需求等详细的信息。这样,企业可以通过数据库分析新老顾客的需求状况,从而制订更具体、更有针对性的网络营销策略。

3. 完全细分市场

在网络定制营销中,企业完全可以对市场进行细分。由于网络时代顾客越来越强调个性化需求,这就要求以每一位顾客来划分市场,企业要根据每个人的需要确定自己的网络营销组合。

4. 顾客主动参与

在定制营销中,为了确保顾客的满意度,必须鼓励顾客的积极参与及合作。离开顾客的参与,定制营销将流于形式,不能最大限度满足顾客的需求。

6.3 网络市场

6.3.1 网络市场概述

1. 网络市场的结构

目前,从网络市场交易的主体看,网络市场可以分为企业对消费者、企业对企业、国际性交易三种类型。企业对消费者的网上营销基本上等同于商业电子化的零售商务。企业对企业的网络营销是指企业使用互联网向供应商订货、签约、接受发票和付款(包括电子资金转移、信用卡、银行托收等)以及商贸中其他问题如索赔、商品发送管理和运输跟踪等。国际性的网络营销是不同国家之间企业对企业或企业对消费者的电子商务。

2. 网络市场的特征

从市场运作的机制看,网络市场具有如下六个基本特征。

(1)无店铺的经营方式。运作于网络市场上的是虚拟商店,它不需要店面、装潢、摆放的货品和服务人员等,它使用的媒体为互联网。如 1995 年 10 月"安全第一网络银行"(Security First Network Bank)在美国诞生,这家银行没有建筑物,没有地址,只有网址,营业厅就是首页画面,所有的交易都通过互联网进行,员工只有10人,1996年存款金额达到1400万美元。

(2) 无存货的经营形式。网上的商店可以接到顾客订单后,再向制造的厂家订货,而无须将商品陈列出来以供顾客选择,只需在网页上打出货物菜单以供选择。这样一来,店家不会因为存货而增加其成本,其售价比一般的商店要低,这有利于增加网络商家和"电子空间市场"的魅力和竞争力。

(3) 成本低廉的竞争策略。网络市场上的虚拟商店,其成本主要涉及自设 web 站成本、软硬件费用、网络使用费以及以后的维持费用。它通常比普通商店经常性的成本要低得多,这是因为普通商店需要昂贵的店面租金、装潢费用、水电费及人事管理费用等。

(4) 无时间限制的全天候经营。虚拟商店不需要雇佣经营服务人员,也可摆脱因员工疲倦或缺乏训练而引起顾客反感所带来的麻烦,而一天 24 小时,一年 365 天持续营业,这对于平时工作繁忙、无暇购物的人来说有很大的吸引力。

(5) 无国界、无区域界限的经营范围。互联网创造了一个即时全球社区,它消除了同其他国家客户做生意的时间和地域障碍。面对提供无限商机的互联网,国内的企业可以加入网络开展全球性营销活动。

(6) 精简化的营销环节。顾客不必等经理回复电话,可以自行查询信息。客户所需资讯可及时更新,企业和买家可快速交换信息,网上营销使企业在市场中快人一步,迅速传递出信息。顾客需求不断增加,对产品本身要求有更多的发言权和售后服务。于是营销人员借助互联网鼓励顾客参与产品更新换代,让他们选择颜色和装运方式,自行下订单。在定制、销售产品的过程中,为满足顾客的特殊要求,让他们参与越多,售出产品的机会就越大。

总之,网络市场具有传统的实体化市场所不具有的特点,这些特点正是网络市场的优势。

▶ 6.3.2 网络消费者需求分析

1. 网络消费者需求的演变

(1) 前大众传媒、大众营销时代的个性化服务。此时的销售形式多为一个区域内的顾客均在一个小百货店购买所需日常用品。

(2) 大规模营销时代的服务。在 20 世纪 50 年代,大规模市场营销借助于电视广告、购物商城、大规模生产的工厂以及适合大批量消费的社会,开始改变着人们的消费方式。

(3) 回归个性化。整个世界以非凡的速度变成了一个计算机网络交织的世界。这使具有大量选择的全球化市场取代了有限选择的国内市场;计算机化生产使产品有丰富的多样化设计,在此基础上整个市场营销又回归到个性化的基础上。

2. 网络消费者需求的特征

由于互联网商务的出现,消费观念、消费方式和消费者的地位正在发生着重要的变化,使当代消费者心理与以往相比呈现出以下新的特点和趋势。

(1) 个性消费的回归。在过去相当长的一个历史时期内,工商业都是将消费者作为单独个体进行服务的。在这一时期内,个性消费是主流。只是到了近代,工业化和标准化的生产方式才使消费者的个性被淹没于大量低成本、单一化的产品洪流之中。然而,没有一个消费者的心理是完全一样的,每一个消费者都是一个细分市场。心理上的认同感已成为消费者做出购买产品决策的先决条件,个性化消费正在也必将再度成为消费的主流。

(2)消费需求的差异性。消费者的个性化消费使网络消费需求呈现出差异性,不同的网络消费者因所处的时代、环境不同也会产生不同的需求,不同的网络消费者在同一需求层次上的需求也会有所不同。所以,从事网络营销的厂商要想取得成功,必须在整个生产过程中,从产品的构思、设计、制造,到产品的包装、运输、销售,认真思考这种差异性,并针对不同消费者的特点,采取有针对性的方法和措施。

(3)消费主动性增强。消费主动性的增强来源于现代社会不确定性的增加和人类追求心理稳定和平衡的欲望,网上消费者以年轻人为主,一般经济收入比较高,因此,主动性消费是其特征。

(4)对购买方便性的需求与购物乐趣的追求并存。在网上购物,除了能够完成实际的购物需求以外,消费者在进行购物的同时,还能够得到许多信息,并得到各种在传统商店没有的乐趣。另外,网上购物的方便性也会使消费者节省大量的时间和精力。

(5)价格仍然是影响消费心理的重要因素。正常情况下网上销售的低成本将使经营者有能力降低商品销售的价格,并开展各种促销活动,给消费者带来实惠。例如,网上书店比市场价低15%~30%的书价对消费者有很大的吸引力。

(6)网络消费仍然具有层次性。网络消费本身是一种高级的消费形式,但就其消费内容来说,仍然可以分为由低级到高级的不同层次。在网络消费的开始阶段,消费者侧重于精神产品的消费,到了网络消费的成熟阶段,消费者在完全掌握了网络消费的规律和操作,并且对网络购物有了一定的信任感后,才会从侧重于精神消费品的购买转向日用消费品的购买。

(7)网络消费者的需求具有交叉性。在网络消费中,各个层次的消费不是相互排斥的,而是紧密联系的,需求之间广泛存在着交叉的现象。

(8)网络消费需求的超前性和可诱导性。根据中国互联网中心的统计,在网上购物的消费者以经济收入较高的中、青年为主,这部分消费者比较喜欢超前和新奇的商品,他们也比较注意和容易被新的消费动向和商品介绍所吸引。

(9)网络消费中年轻人占主导地位。《第49次中国互联网络发展状况统计报告》显示:消费群体方面,"80-90后"网购普及最高,"95后"消费潜力最大。1980—1995年间出生的"80-90后"网民群体网购使用率最高,达93%;1995年以后出生的"95后"群体网购消费潜力最大,41.9%的"95后"网购用户网上消费额占日常消费总额3成以上,网购消费占比高于其他年龄网购群体。

6.3.3 网络市场调研

1. 网络市场调研的定义

市场调研是指以科学的方法,系统地、有目的地收集、整理、分析和研究所有与市场有关的信息,特别是有关消费者的需求、购买动机和购买行为等方面的信息,从而把握市场现状和发展态势,有针对性地制订营销策略,取得良好的营销效益。

我们把基于互联网系统地进行营销信息的收集、整理、分析和研究称为网络市场调研。我们把网站用户注册和免费服务申请表格填写等做法看作是网站发起的用户市场调研的基本手段。

与传统的市场调研一样,网络市场调研主要包括以下三个方面的内容:①市场需求调研,其目的在于掌握市场需求量、市场规模、市场占有率,以及如何运用有效的经营策略和手段。②消费者购买行为调研,具体包括消费者的家庭、地区、经济等基本情况,消费者的购买动机,消费者喜欢在何时何地购买。③营销因素调研,具体包括产品的调研、价格的调研、分销渠道的调研、广告策略的调研、促销策略的调研。

2. 网络市场调研的特点

网络市场调研可以充分利用互联网的开放性、自由性、平等性、广泛性和直接性等特点,开展调研工作。

网络市场调研具有如下六个特点。

(1)网络信息的及时性和共享性。网络的传输速度非常快,网络信息能迅速传递给连接上网的任何用户;网上调研是开放的,任何网民都可以参加投票和查看结果,这保证了网络信息的及时性和共享性。

(2)网络调研的便捷性与低费用。网上调研可节省传统调研中所耗费的大量人力和物力。在网络上进行调研,只需要一台能上网的计算机即可。调研者在企业站点上发出电子调研问卷,网民自愿填写,然后通过统计分析软件对访问者反馈回来的信息进行整理和分析。

(3)网络调研的交互性和充分性。网络的最大好处是交互性。在网上调研时,被调研对象可以及时就问卷相关的问题提出自己更多的看法和建议,可减少因问卷设计不合理而导致的调研结论偏差等问题。同时,被调研者还可以自由地在网上发表自己的看法,也没有时间限制的问题。

(4)调研结果的可靠性和客观性。由于公司站点的访问者一般都对公司产品有一定的兴趣,所以这种基于顾客和潜在顾客的市场调研结果是客观和真实的,它在很大程度上反映了消费者的消费心态和市场发展的趋向。首先,被调研者在完全自愿的原则下参与调研,调研的针对性更强;其次,调研问卷的填写是自愿的,不是传统调研中的"强迫式",填写者一般都对调研内容有一定兴趣,回答问题相对认真些,所以问卷填写可靠性高;最后,网上调研可以避免传统调研中人为错误(如访问员缺乏技巧,诱导回答问卷问题)所导致调研结论的偏差,被调研者在完全独立思考的环境下接受调研,不会受到调研员及其他外在因素的误导和干预,能最大限度地保证调研结果的客观性。

(5)网络调研无时空、地域限制。网上市场调研可以 24 小时全天候进行,这与受区域制约和时间制约的传统调研方式有很大的不同。

(6)网络调研的可检验性和可控制性。利用互联网进行网上调研收集信息,可以有效地对采集信息的质量实施系统的检验和控制。这是因为,第一,网上调研问卷可以附加全面规范的指标解释,有利于消除因对指标理解不清或调研员解释口径不一而造成的调研偏差;第二,问卷的复核检验由计算机依据设定的检验条件和控制措施自动实施,可以有效地保证对调研问卷 100% 的复核检验,保证检验与控制的客观公正性;第三,通过对被调研者的身份验证技术可以有效地防止信息采集过程中的舞弊行为。

3. 网络市场调研的步骤

(1) 网络市场调研的一般步骤。网络市场调研与传统市场调研一样,应遵循一定的方法与步骤。网络市场调研一般包括以下几步。

① 明确问题与调研目标。进行网络市场调研,首先要明确调研的问题是什么,调研的目标是什么。具体要调研哪些问题事先应考虑清楚,只有这样,才可能做到有的放矢,提高工作效率。

② 确定市场调研的对象。网络市场调研的对象,主要分为企业产品的消费者、企业的竞争者、企业合作者或行业内的中立者三大类。

③ 制订调研计划。网络市场调研的第三步是制订有效的调研计划,包括资料来源、调研方法、调研手段、抽样方案和联系方法五部分内容。

A. 资料来源。市场调研首先须确定是收集一手资料(原始资料)还是二手资料,或者两者都要。在互联网上,利用搜索引擎、网上营销和网上市场调研网站可以方便地收集到各种一手和二手资料。

B. 调研方法。网络市场调研可以使用的方法主要有专题讨论法、问卷调查法和实验法。

C. 调研手段。网络市场调研可以采取在线问卷和软件系统两种方式进行。在线问卷制作简单,分发迅速,回收也方便,但须遵循一定的原则。

D. 抽样方案。抽样方案即要确定抽样单位、样本规模和抽样程序。抽样单位是确定抽样的目标总体;样本规模的大小涉及调研结果的可靠性,样本须足够多,必须包括目标总体范围内所发现的各种类型样本;在抽样程序选择上,为了得到有代表性的样本,应采用概率抽样的方法,这样可以计算出抽样误差的置信度,当概率抽样的成本过高或时间过长时,可以用非概率抽样方法替代。

E. 联系方法。联系方法是指以何种方式接触调研的主体,网络市场调研采取网上交流的形式,如 E-mail 传输问卷、BBS 等。

④ 收集信息。利用互联网做市场调研,不管是一手资料还是二手资料,可同时在全国或全球进行,收集的方法也很简单,直接在网上递交或下载即可。

⑤ 分析信息。信息收集结束后,接下来的工作是信息分析。信息分析的能力相当重要,因为很多竞争者都可从一些知名的商业站点看到同样的信息。调研人员如何从收集的数据中提炼出与调研目标相关的信息,并在此基础上对有价值的信息迅速做出反应,这是把握商机战胜竞争对手、取得经营成果的一个制胜法宝。利用互联网,企业在获取商情、处理商务事宜的速度方面是传统商业无法比拟的。

⑥ 提交报告。调研报告的撰写是整个调研活动的最后一个阶段。报告不是数据和资料的简单堆砌,调研员不能把大量的数字和复杂的统计技术扔到管理人员面前,而应把与市场营销关键决策有关的主要调研结果写出来,并以调研报告正规格式书写。

(2) 网络直接调研的方法与步骤。网络直接调研指的是为当前特定目的在互联网上收集一手资料或原始信息的过程。直接调研的方法有四种:观察法、专题讨论、问卷调查法和实验法,但网上用得最多的是专题讨论法和在线问卷法。调研过程中具体应采用哪一种方法,要根据实际目标和需要而定。需注意的一点是,网络调研应注意遵循网络规范和礼仪。

下面具体介绍专题讨论法和在线问卷法两种方法的实施步骤。

①专题讨论法。专题讨论可通过 Usenet 新闻组、电子公告牌（BBS）或邮件列表（mailing lists）讨论组进行。第一步，确定要调研的目标市场；第二步，识别目标市场中要加以调研的讨论组；第三步，确定可以讨论或准备讨论的具体话题；第四步，登录相应的讨论组，通过过滤系统发现有用的信息，或创建新的话题，让大家讨论，从而获得有用的信息。

②在线问卷法。在线问卷法即请求浏览其网站的每个人参与它的各种调研。企业可以通过一些在线调查问卷网站进行调研。

(3) 网络市场间接调研的方法。网络市场间接调研指的是网上二手资料的收集。二手资料的来源有很多，政府出版物、公共图书馆、大学图书馆、贸易协会、市场调查公司、广告代理公司和媒体、专业团体、企业情报室等，其中许多单位和机构已在网上建立了自己的网站，各种各样的信息都可通过访问其网站获得，再加上众多综合型 ICP（内容提供商）和专业型 ICP，以及搜索引擎网站，使得网上二手资料的收集非常方便。

互联网虽有着海量的二手资料，但要找到自己需要的信息，首先必须熟悉搜索引擎的使用，其次要掌握专题性网络信息资源的分布。在网上查找资料主要有三种方法：利用搜索引擎、访问相关的网站以及利用相关的网络数据库。

①利用搜索引擎查找资料。搜索引擎是互联网上使用最普遍的网络信息检索工具。在互联网上，无论想要什么样的信息，都可以请搜索引擎帮忙找。目前，几乎所有的搜索引擎都有两种检索功能——主题分类检索和关键词检索。

②访问相关的网站收集资料。如果我们知道某一专题的信息主要集中在哪些网站，可直接访问这些网站，获得所需资料。与传统媒体的经济信息相比，网上市场行情一般数据全、实时性强。

③利用相关的网络数据库查找资料。在互联网上，除了借助搜索引擎和直接访问有关网站收集市场二手资料外，第三种方法就是利用相关的网络数据库（即 web 版的数据库）。

6.4 网络营销方法

6.4.1 搜索引擎营销

搜索引擎营销（search engine marketing，SEM）就是基于搜索引擎平台的网络营销，利用人们对搜索引擎的依赖和使用习惯，在人们检索信息的时候尽可能将营销信息传递给目标客户。搜索引擎营销追求最高的性价比，以最小的投入，获得最大的来自搜索引擎的访问量，并产生商业价值。

搜索引擎营销的最主要工作是扩大搜索引擎在营销业务中的比重，通过对网站进行搜索优化，更多地挖掘企业的潜在客户，帮助企业实现更高的转化率。截至 2021 年 12 月，我国搜索引擎用户规模达 8.29 亿，较 2020 年 12 月增长 5908 万，占网民整体的 80.3%（见图 6-3）。

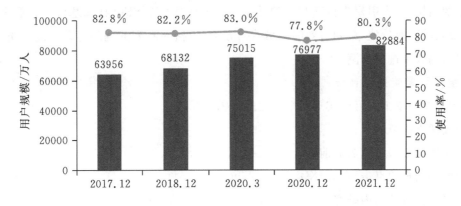

图 6-3 2017—2021 年中国搜索引擎用户数及使用率

1. SEM 的服务方式

(1)竞价排名,顾名思义就是网站付费后才能出现在搜索结果页面,付费越高者排名越靠前。竞价排名服务,是由客户为自己的网页购买关键字排名,按点击计费的一种服务。客户可以通过调整每次点击付费价格,控制自己在特定关键字搜索结果中的排名,并可以通过设定不同的关键词捕捉到不同类型的目标访问者。

竞价排名的基本特点是按点击付费,推广信息出现在搜索结果中(一般是靠前的位置),如果没有被用户点击,则不收取推广费。

在搜索引擎营销中,竞价排名的特点和主要作用如下:

①按效果付费,费用相对较低;

②出现在搜索结果页面,与用户检索内容高度相关,增加了推广的定位程度;

③竞价结果出现在搜索结果靠前的位置,容易引起用户的关注和点击,因而效果比较显著;

④搜索引擎自然搜索结果排名的推广效果是有限的,尤其对于自然排名效果不好的网站,采用竞价排名可以很好弥补这种劣势;

⑤企业可以自己控制点击价格和推广费用;

⑥企业可以对用户点击情况进行统计分析。

(2)购买关键词广告,即在搜索结果页面显示广告内容,实现高级定位投放,用户可以根据需要更换关键词,相当于在不同页面轮换投放广告。

(3)搜索引擎优化(SEO)就是通过对网站优化设计,使得网站在搜索结果中靠前。搜索引擎优化又包括网站内容优化、关键词优化、外部链接优化、内部链接优化、代码优化、图片优化、搜索引擎登录等。

目前,SEM 正处于发展阶段,它将成为今后专业网站乃至电子商务发展的必经之路。

2. SEO 和 SEM 的区别

SEO 和 SEM 最主要的区别是最终目标不同:SEO 主要是为了关键词的排名、网站的流量、网站的结构、搜索引擎中页面收录的数据;SEM 是通过在 SEO 技术基础上扩展为搜索引擎中所带来的商业价值,策划有效的网络营销方案,包括一系列的网站运营策略分析,并实施方案,对营销效果进行检测。

3. 搜索引擎营销的目标

利用搜索引擎工具可以实现四个层次的营销目标:

(1)被搜索引擎收录;

(2)在搜索结果中排名靠前;

(3)增加用户的点击(点进)率;

(4)将浏览者转化为顾客。

在这四个层次中,前三个可以理解为搜索引擎营销的过程,而只有将浏览者转化为顾客才是最终目的。在一般的搜索引擎优化中,通过设计网页标题、META 标签中的描述标签、关键词标签等,通常可以实现前两个初级目标(如果付费登录,当然直接就可以实现这个目标了,甚至不需要考虑网站优化问题)。实现高层次的目标,还需要进一步对搜索引擎进行优化设计,或者说,从整体上设计对搜索引擎友好的网站。

6.4.2 电子邮件营销

1. 电子邮件营销的含义

电子邮件是整个网络间以至所有其他网络系统中直接面向人与人之间信息交流的系统,它的数据发送方和接收方都是人,所以极大地满足了大量存在的人与人之间的通信需求。

电子邮件可能不会像社交媒体或即时通信应用那样快速增长,但是,电子邮件将继续存在。从全球来看,2020 年全球电子邮件用户规模达 40.37 亿人。

电子邮件营销就是借助于电子邮件进行的营销,指把文本、HTML 或多媒体信息发送到用户的电子邮箱,以达到营销目的。电子邮件营销可以达到以下目的:

(1)使用户认识某一品牌;

(2)使用户形成对某一产品或服务的兴趣或偏好;

(3)使用户能与广告方取得联系,获取信息或购买产品、服务;

(4)管理客户关系或实现其他相关的营销目标。

电子邮件是一个不能忽视的营销渠道。据相关调查显示:超过 90% 的受访者表示,电子邮件营销至少在某种程度上对公司的整体成功至关重要。2020 年有 39.8% 的人认为电子邮件营销对公司成功至关重要;2021 年认为电子邮件营销对公司成功至关重要的人数占比增长至 41.55%。

2. 电子邮件营销的分类

根据不同的标准,电子邮件营销可以分为以下几类。

(1)按照是否经过用户许可分类。按照发送电子邮件是否事先经过用户许可来划分,电子邮件营销可分为许可的电子邮件营销和未经许可的电子邮件营销。正规的电子邮件营销都是基于用户许可的，未经许可的电子邮件营销就是通常所说的垃圾邮件。如果没有特别说明，本书所讲的电子邮件营销均指许可的电子邮件营销。

(2) 按照电子邮件地址资源的所有权分类。按照电子邮件地址资源是否归企业所有来划分，电子邮件营销可分为内部电子邮件营销和外部电子邮件营销。内部电子邮件营销是企业网站利用一定的方式获得用户自愿注册的资料来开展的电子邮件营销，而外部电子邮件营销是指利用专业服务或者具有与专业服务一样可以提供专业服务的机构提供方便电子邮件营销服务，自己并不拥有用户的电子邮件地址资料，也无须管理维护这些用户资料。

(3) 按照电子邮件营销的功能分类。按照电子邮件营销的功能划分，电子邮件营销可分为顾客服务电子邮件营销、顾客关系电子邮件营销、在线调查电子邮件营销、产品促销电子邮件营销等。

(4) 按照电子邮件营销使用时限分类。按照电子邮件营销使用时限划分，电子邮件营销可分为长期的电子邮件营销和临时性的电子邮件营销。长期的电子邮件营销采用的形式有新闻邮件、电子杂志等各种邮件列表，临时性的电子邮件营销采用的形式有在线调查、新产品通知、市场调查、促销信息等。

(5) 按照电子邮件营销的应用方式分类。按照是否将电子邮件营销资源用于为其他企业提供服务，电子邮件营销可分为经营性和非经营性两类。开展电子邮件营销需要一定的营销资源，获得和维持这些资源也要投入相应的经营资源。当资源积累到一定程度，将具有更大的营销价值，不仅可以用于企业本身的营销，也可以通过出售邮件广告空间直接获益。当以经营性质为主时，电子邮件营销实际上已经属于专业服务商的范畴了。在实际工作中，企业面对的往往不是单一形式或单一功能的电子邮件营销，既要建立内部列表，又需要专业服务商的服务。

3. 电子邮件营销的优点

从比较研究的角度来考察，电子邮件营销具有传统营销媒体所不具备的优点：

(1) 电子邮件营销的成本与传统营销方式相比要低得多。

(2) 电子邮件营销的回应率与其他营销方式相比效果显著。

(3) 电子邮件营销可以通过电子刊物来促进顾客关系。

(4) 许可的电子邮件营销可以满足用户个性化的需求，可根据用户的兴趣预先选择有用的信息。

(5) 电子邮件营销反应迅速，它的传递速度是传统直邮广告无法比拟的。

(6) 电子邮件营销可以实现营销效果监测，如送达率、点击率、回应率等。

(7) 电子邮件营销具有相对保密性，将信息直接发送到用户的电子邮箱中，不容易引起竞争对手的注意。

(8) 电子邮件营销针对性强，能减少资源浪费。

4. 开展电子邮件营销的一般过程

电子邮件营销作为网络营销的工具之一,并不是接发几封邮件那么简单,尤其是在网络营销环境与法律法规很不完善,企业在运用电子邮件营销时毫无禁忌的情况下,电子邮件营销的效果大打折扣,退信率较高的现象十分普遍。因此,企业需要了解电子邮件营销的开展方法与适当的技巧,遵循行业规范与职业道德,开展顾客需要的电子邮件营销。

开展电子邮件营销,应该清楚地知道企业要向哪些用户发送电子邮件,发送什么信息内容,以及如何发送等问题。尽管企业所处的行业不同、发展阶段不同、产品市场生命周期不同,会导致电子邮件营销的方法与应用策略有很大的区别,但是通常开展电子邮件营销的步骤有七步,如图6-4所示。

电子邮件营销的开展过程,可以借用推销的 AIDA 公式,即吸引"注意(attention)",引起"兴趣(interest)",唤起"欲望(desire)",激起"行动(action)"。也就是说,发出一封营销邮件的目标是吸引用户方的"注意",邮件的主题要能够引起用户的"兴趣",邮件的内容设计应富有成效,能唤起用户的"欲望",优惠的措施或者网址的链接应能激起用户的"行动",这就是成功的电子邮件营销过程。

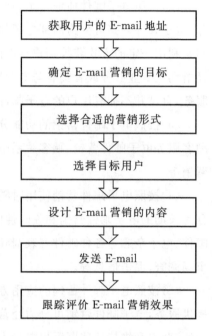

图6-4 开展电子邮件营销的步骤

➢ 6.4.3 病毒式营销

1. 病毒式营销的定义

病毒式营销(viral marketing),也可称为病毒性营销,是一种常用的网络营销方法,常用于网站推广、品牌推广等。它是指那些鼓励目标受众,把想要推广的信息,像病毒一样传递给周围的人,让每一个受众成为传播者,让推广信息在曝光率和营销上产生几何级增长速度的一种营销推广策略。病毒式营销利用的是用户口碑传播的原理,在互联网上,这种"口碑传播"更为方便,可以像病毒一样迅速蔓延,因此病毒式营销成为一种高效的信息传播方式,而且由于这种传播是用户之间自发进行的,因此几乎不需要费用。

互联网之外,病毒式营销被用来指"口碑(word-of-mouth)""制造热点(creating a buzz)""整合媒体(leveraging the media)""网络营销(network marketing)"。但是在网络上,不论好坏,其一致被称为"病毒式营销"。

病毒式营销有两个重要的功能:

(1)人们在获得利益的同时不知不觉地宣传了商家的在线生意,信息传播者往往是信息受益者。

(2)商家生意信息的传播是通过第三者"传染"给他人而非商家自己,而通常人们更愿意相信他人介绍而非商家自己。

我们经常看到的免费邮箱、免费空间、免费域名、网上即时交流软件等,都采取了病毒式营销方式。

2. 病毒式营销的方法

(1)免费的服务。一些大型的网站或公司会提供免费的二级域名、免费空间、免费程序接口、免费计数器等资源,这些资源中可以直接或间接地加入公司的链接或者其他产品的介绍,也还可以是广告。由于这些服务都是免费的,对用户有着很大的吸引力,另外,当用户自己在使用并对外宣传的时候,就为提供该服务的公司做了免费宣传。

(2)便民服务。便民服务不像上面的免费服务一样需要一定的财力物力,比较适合小公司或个人网站。在网站上提供日常生活中常会用到的一些查询,如公交查询、电话查询、手机归属地查询、天气查询等,把这些实用的查询集中到一起,能给用户提供极大的便利,会得到用户很好的口碑,也就能很快地在网民中推广开来。

(3)节日祝福。每当到节日时,可以通过 QQ、E-mail、微信等工具向朋友发送一些祝福,后面附上网页地址或精美图片,由于节日里,大家都很高兴收到来自朋友的祝福和喜欢发祝福给朋友,一个"病毒链"就这样形成了。

(4)通过"口头传递"传播信息。网络上使用最普遍的"口头传递"方式是"告诉一个朋友"或"推荐给你的朋友"等,很多网站在网络广告、新闻信息、电子邮件后面使用类似的语句。这种病毒式营销启动成本低并能快速执行,其效果还可以通过引入竞赛和幸运抽签得以增强。

(5)利用人际关系网络传播信息。社会学家指出:人际关系网络是由家庭成员、朋友或同事构成的,我们每个人都生活在人际关系网络中,几乎没有人是生活在人际关系网络之外的。根据社会地位的不同,一个人的人际关系网络中可能有几十、几百甚至数千人。互联网的网民同样也在发展虚拟社会中的人际关系网络。网络营销人员需要充分认识实体社会和虚拟社会中这些人际关系网络的重要作用,通过病毒式营销把自己的信息置于人们的各种关系网络之中,从而迅速地把促销信息扩散出去。

(6)通过"事件策划"营造传播话题。策划运作一个大范围或局部(或行业范围、圈子范围)轰动的事件,促使人们热议,或借用本有热点话题的事件演变作二次传播,其特征在于迎合人的心理需求。

3. 病毒式营销的优缺点

(1)优点。

①费用低廉。利用互联网便利的互动传播特性,制订一套合理的营销方案与传播亮点(能吸引大众进行口碑传播的亮点),并借用诸如门户网站、论坛、社区、E-mail、QQ、微信、微博、短视频等形式,让信息广泛传播开来。

②传播高效。许多互联网工具都是颇具人气的,利用这些工具能迅速让信息广泛传播开来。

③自愿传播。在病毒式营销中,信息传播者往往是信息受益者。

(2)缺点。

①违反公众道德。比如,许多恶意的祝福信息,就是利用病毒式营销进行传播的。比如"给××的祝福,看到后如不转发,后果如何如何"等,这些显然与公众道德是相背离的。

②各类负面效应,尤其会广泛传播。比如,一些行业内幕,一旦被公布于互联网,会迅速蔓延,影响该行业的健康发展。

③误导公众。一些企业往往会利用公众的某些心理,将错误或负面信息传播开来。

6.5 网络促销与网络广告

6.5.1 网络促销

1. 网络促销的内涵

(1)网络促销的特点。网络促销是指利用现代化的网络技术向虚拟市场传递有关产品和服务的信息,以启发需求,引起消费者购买欲望和购买行为的各种活动。它突出地表现为以下三个明显的特点:

①网络促销通过网络技术传递信息。网络促销是通过网络技术传递产品和服务的存在、性能、功效及特征等信息的。它是建立在现代计算机与通信技术基础之上的,并且随着计算机和网络技术的不断改进而改进。因此,网络促销不仅需要营销者熟悉传统的营销技巧,而且需要相应的计算机和网络技术知识,包括各种软件的操作和某些硬件的使用。

②网络促销是在虚拟市场上进行的。这个虚拟市场就是互联网。互联网是一个媒体,是一个连接世界各国的大网络,它在虚拟的网络社会中聚集了广泛的人口,融合了多种文化。所以,从事网络促销的人员需要跳出实体市场的局限性,采用虚拟市场的思维方法。

③互联网虚拟市场是全球性的。互联网虚拟市场的出现,将所有的企业,不论是大企业还是中小企业,都推向了一个世界统一的市场。传统的区域性市场的小圈子正在被一步步打破,全球性的竞争迫使每个企业都必须学会在全球统一的大市场上做生意,否则,这个企业就会被淘汰。

(2)网络促销与传统促销的区别。虽然传统的促销和网络促销都是让消费者认识产品,引导消费者的注意和兴趣,激发他们的购买欲望,并最终实现其购买行为,但由于互联网强大的通信能力和覆盖面积,网络促销与传统的促销活动相比,在时间和空间观念上、在信息传播模式上以及在顾客参与程度上都发生了较大的变化。

①时空观念的变化。目前我们的社会正处于两种不同的时空观交替作用时期。在这个时期内,我们要受到两种不同的时空观念的影响。也就是说,我们的生活和生产是建立在工业化社会顺序、精确的物理时空观的基础上的,而反映现代生活和生产(包括生产、经营、营销、管理等)的信息需求又是建立在网络化社会柔性可变、没有物理距离的时空环境之上的。

②信息沟通方式的变化。促销的基础是买卖双方信息的沟通。在网络上,信息的沟通渠道是单一的,所以信息都必须经过线路的传递。然而,这种沟通又是十分丰富的。多媒体信息处理技术提供了近似于现实交易过程中的产品表现形式;双向的、快捷的、互不见面的信息传播模式,将买卖双方的意愿表达得淋漓尽致,也留给对方充分思考的时间。在这种环境下,传统的促销方法显得软弱无力。网络营销者需要掌握一系列新的促销方法和手段,促进消费者购买商品或服务。

③消费群体和消费行为的变化。在网络环境下,消费者的概念和客户的消费行为都发生了很大的变化。网上消费者直接参与生产和商业流通的循环,他们普遍可以大范围地选择和

理性地购买所需物品。这些变化对传统的促销理论和模式产生了重要的影响。

④对网络促销的新理解。网络促销虽然与传统促销在促销观念和手段上有较大差别,但由于它们推销产品的目的是相同的,因此,整个促销过程的设计具有很多相似之处。所以,对于网络促销的理解,一方面应当站在全新的角度去认识这一新型的促销方式,理解这种依赖现代网络技术、完全通过网络交流思想和意愿的产品推销形式;另一方面则应当通过与传统促销的比较去体会两者之间的差别,吸收传统促销方式的整体设计思想和行之有效的促销技巧,打开网络促销的新局面。

2. 网络促销的形式

传统营销的促销形式主要有四种:广告、销售促进、宣传推广和人员推销。网络营销是在网上市场开展的促销活动,相应形式也有四种,分别是网络广告、销售促进、站点推广和关系营销。其中网络广告和站点推广是主要网络促销形式。网络广告已经形成了一个很有影响力的产业市场,因此企业考虑的首选促销形式就是网络广告。后文将专门介绍网络广告。

(1)站点推广。网络营销站点作为企业在网上市场进行营销活动的阵地,站点能否吸引大量流量是企业开展网络营销成功的关键,也是网络营销的基础。站点推广就是通过对企业网络营销站点的宣传吸引用户访问,同时树立企业网上品牌形象,为企业的营销目标实现打下坚实基础。站点推广是系统性的工作,这与企业营销目标是相一致的。站点推广的方法主要有以下一些。

①搜索引擎注册。根据调查显示,网民找新网站主要是通过搜索引擎来实现的,因此在著名的搜索引擎进行注册是非常必要的,而且在搜索引擎进行注册一般都是免费的。

②建立链接。互联网的一个特点就是通过链接将所有的网页链接在一起,有学者经过大量统计分析发现,两个不同的网页之间间距为 8.9,也就是说只需要经过 9 次链接点击后,就可以从一个网页找到另一个网页。

③发送电子邮件。电子邮件的发送费用非常低,许多网站都利用电子邮件来宣传站点。利用电子邮件来宣传站点时,首要任务是收集电子邮件。为防止发送一些令人反感的电子邮件,收集电子邮件地址时要非常注意。一般可以利用站点的反馈功能记录愿意接收电子邮件的用户电子邮件地址。另外一种方式是通过租用一些愿意接收电子邮件信息的通信列表,这些通信列表一般是由一些提供免费服务的公司收集的。

④发布新闻。及时掌握具有新闻性的事件(例如新业务的开通),并定期把这样的新闻发送到行业站点和不同媒介上。另外,将站点在公告栏和新闻组上加以推广。互联网使得具有相同专业兴趣的人们组成成千上万的具备很强针对性的公告栏和新闻组。比较好的做法是加入这些讨论,让邮件末尾的"签名档"发挥推广的作用。

⑤提供免费服务。提供免费资源,在时间和精力上的代价都是昂贵的,但其在增加站点流量上的功效可以得到回报。应当注意,所提供的免费服务应是与所销售的产品密切相关的,这样所吸引来的访问者同时也就可以成为良好的业务对象。

⑥发布网络广告。利用网络广告推销站点是一种比较有效的方式。比较廉价的做法是加入广告交换组织,广告交换组织通过不同站点的加盟后,在不同站点交换显示广告,起到相互促进作用。另外一种方式是在适当的站点上购买广告栏发布网络广告。

⑦使用传统的促销媒介。使用传统的促销媒介来吸引访问站点也是一种常用方法,如一

些著名的网络公司纷纷在传统媒介发布广告。这些媒介包括直接信函、分类展示广告等。对小型工业企业来说,这种方法更为有效,但应当确保各种卡片、文化用品、小册子和文艺作品上包含有公司的网址。企业在传统媒体发布展示性广告时也要包含网址。如果在商业杂志、报纸或其他媒体上购买了展示性或分类广告,应把公司的网址加进去,把站点作为广告的补充信息。用广告来抓住读者的注意力,然后再指示读者转向一个网页以获取更多的信息或是发出订单。

(2)销售促进。销售促进主要是用来进行短期性的刺激销售。网上销售促进就是在网上市场利用销售促进工具刺激顾客对产品的购买和消费使用。互联网作为交互的沟通渠道和媒体,它具有传统渠道所没有的优势,在刺激产品销售的同时,还可以与顾客建立互动关系,了解顾客的需求和对产品的评价。一般网上销售促进主要有以下形式:

①有奖促销。顾客总是喜欢免费的东西。如果在站点上开展有奖竞赛或者抽奖活动,将可以产生非同寻常的访问流量。还有一种方式是,有的站点为推广,采取有奖参与,只要访问该站点或点击广告就可以获得一定的现金。开展网上有奖促销时,要注意促销产品是否适合在网上销售和推广,对于一些不适合网上销售的产品,即使通过有奖促销可以吸引很多人访问网站,但可能产生很少购买,达不到网上促销效果。

②拍卖促销。网上拍卖市场是新兴的市场,由于快捷方便,能吸引大量用户参与网上拍卖活动。我国的许多电子商务公司也纷纷提供拍卖服务。拍卖促销就是将产品不限制价格在网上拍卖。

③免费促销。如许多软件厂商为吸引顾客购买软件产品允许顾客通过互联网下载产品,在试用一段时间后再决定是否购买。

3. 网络促销的作用

(1)告知功能。网络促销能够把企业的产品、服务、价格等信息传递给目标公众,引起他们的注意。

(2)说服功能。网络促销的目的在于通过各种有效的方式,解除目标公众对产品或服务的疑虑,说服目标公众坚定购买决心。例如,在同类产品中,许多产品往往只有细致的差别,用户难以察觉。企业通过网络促销活动,宣传自己产品的特点,使用户认识到本企业的产品可能给他们带来的特殊效用和利益,进而乐于购买本企业的产品。

(3)反馈功能。网络促销能够及时地收集和汇总顾客的需求和意见,迅速反馈给企业管理层。由于网络促销所获得的信息基本上都是文字资料,信息准确、可靠性强,对企业经营决策具有较大的参考价值。

(4)创造需求。运作良好的网络促销活动,不仅可以诱导需求,而且可以创造需求,发掘潜在的顾客,扩大销售量。

(5)稳定销售。由于某种原因,一个企业的产品销售量可能时高时低,波动很大,这是产品市场地位不稳的反映。企业通过适当的网络促销活动,树立良好的产品形象和企业形象,往往有可能改变用户对本企业产品的认识,使更多的用户形成对本企业产品的偏爱,达到稳定销售的目的。

4. 网络促销的实施

对于任何企业来说,如何实施网络促销都是一个新问题,网络促销人员必然面对众多的挑战。每一个营销人员都必须摆正自己的位置,深入了解产品信息在网络上传播的特点,分析网络信息的接收对象,设定合理的网络促销目标,通过科学的实施程序,打开网络促销的新局面。

根据国内外网络促销的大量实践,网络促销的实施程序可以由以下六个方面组成。

(1)确定网络促销对象。网络促销对象是针对可能在网络虚拟市场上产生购买行为的消费者群体提出来的。随着网络的迅速普及,这一群体也在不断膨胀。这一群体主要包括以下三部分人员:

①产品的使用者。这里指实际使用或消费产品的人。实际的需求构成了这些顾客购买的直接动因。抓住了这一部分消费者,网络销售就有了稳定的市场。

②产品购买的决策者。在许多情况下,产品的使用者和购买决策者是一致的,特别是在虚拟市场上更是如此。因为大部分的上网人员都有独立的决策能力,也有一定的经济收入。但在另外一些情况下,产品的购买决策者和使用者则是分离的。

③产品购买的影响者。这里指在提出看法或建议方面对最终购买决策可以产生一定影响的人。在低价、易耗日用品的购买决策中,产品购买的影响者的影响力较小,但在高价耐用消费品的购买决策上,产品影响者的影响力较大。这是因为对高价耐用品的购买,购买者往往比较谨慎,希望广泛征求意见后再做决定。

(2)设计网络促销内容。网络促销的最终目标是希望引起购买。这个最终目标要通过设计具体的信息内容来实现。消费者的购买过程是一个复杂的、多阶段的过程,促销内容应当根据购买者目前所处的购买决策过程的不同阶段和产品所处的生命周期的不同阶段来决定。一般来讲,一项产品完成试制定型后,从投入市场到退出市场,大体上要经历四个阶段:投入期、成长期、成熟期和衰退期。新产品刚刚投入市场的开始阶段,是消费者对该种产品还非常生疏的阶段,促销活动的内容应侧重于宣传产品的特点,引起消费者的注意。当产品在市场上已经有了一定的影响力,促销活动的内容则需要偏重于唤起消费者的购买欲望;同时,还需要创造品牌的知名度。当产品进入成熟阶段后,市场竞争变得十分激烈,促销活动的内容除了针对产品本身的宣传外,还需要对企业形象做大量宣传工作,树立消费者对企业产品的信心。在产品的衰退阶段,促销活动的重点在于加强与消费者之间的感情沟通,通过各种让利促销,延长产品的生命周期。

(3)决定网络促销组合方式。促销组合是一个非常复杂的问题。网络促销活动主要通过网络广告促销和网络站点促销两种促销方法展开。但由于企业的产品种类不同,销售对象不同,促销方法与产品种类和销售对象之间将会产生多种网络促销的组合方式。企业应当根据网络广告促销和网络站点促销两种方法各自的特点和优势,根据自己产品的市场情况和顾客情况,扬长避短,合理组合,以达到最佳促销效果。

(4)制订网络促销预算方案。在网络促销实施过程中,使企业感到最困难的是预算方案的制订。在互联网上促销,对于任何人来说都是一个新问题。所有的价格、条件都需要在实践中不断学习、比较和体会,不断地总结经验。只有这样,才可能用有限的精力和有限的资金收到尽可能好的效果,做到事半功倍。

(5)衡量网络促销效果。网络促销的实施过程到了这一阶段,必须对已经执行的促销内容进行评价,衡量促销的实际效果是否达到了预期的促销目标。对促销效果的评价主要依赖于两个方面的数据。一方面,要充分利用互联网上的统计软件,及时对促销活动的好坏做出统计。这些数据包括主页访问人次、点击量、千人广告成本等。另一方面,根据销售量的增加情况、利润的变化情况、促销成本的降低情况,判断促销决策是否正确。同时,还应注意促销对象、促销内容、促销组合等方面与促销目标的因果关系的分析,从而对整个促销工作做出正确的判断。

(6)加强网络促销过程的综合管理。网络促销是一项崭新的事业。要在这个领域中取得成功,科学的管理起着极为重要的作用。在衡量网络促销效果的基础上,对偏离预期促销目标的活动进行调整是保证促销取得最佳效果的必不可少的程序。同时,在促销实施过程中,不断地进行信息沟通的协调,也是保证企业促销连续性、统一性的需要。

6.5.2 网络广告

1. 网络广告的概念

网络广告是指通过付费方式在互联网上刊登或发布文字、声音、图像、影像、动画等多媒体形式的商业信息,并以沟通和劝说为目的的一种广告传播形式。2020年中国网络广告市场规模接近5000亿元,同比增长率为13.85%(见图6-5)。2020年中国网络广告市场规模的增速显著放缓,主要是受到疫情影响,部分品牌方对网络广告预算进行了重新配置与规划。随着品牌方的市场信心不断恢复,商业活跃度进一步提高,初步统计2021年中国互联网广告规模或将接近5500亿元。

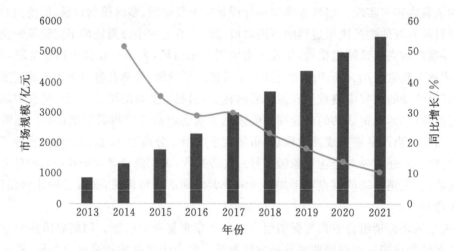

图6-5 2013—2021年中国互联网广告市场规模

2. 网络广告的特点

凭借互联网具有的不同传统媒体的交互、多媒体和高效的独有特性,网络广告在以下七个方面呈现出不同传统媒体广告的特点。

(1)交互性强。网络广告主要通过"pull(拉)"方法吸引受众注意,受众可自由查询,可避免传统"push(推)"式广告中受众注意力集中的无效性和被动性。

(2)具有灵活性和快捷性。在传统媒体上做的广告发布后很难更改,即使可改动往往也需付出很大的经济代价。而在互联网上做广告能按照需要及时变更广告内容,当然包括改正广告的错误。这就使经营决策的变化可以及时实施和推广。另外,网络广告信息的反馈也非常快捷,受众可以直接与商家进行沟通,商家也可以从广告的统计情况了解网络广告的效果。

(3)广告成本低廉。作为新兴的媒体,网络媒体的收费远低于传统媒体,网络广告由于有自动化的软件工具进行创作和管理,能以低廉费用按照需要及时变更广告内容。做网络广告每千人印象成本(弹窗广告)的费用是报纸的 1/5,电视的 1/8。若能直接利用网络广告进行产品的销售,则可节省更多的销售成本。

(4)感官性强。网络广告的载体基本上是多媒体或超文本格式文件,其表现形式可以采用动态影像、文字、声音、图像、表格、动画、三维空间、虚拟现实等,这种广告形式能传送多感官的信息,可以让顾客如身临其境般亲身体验并感受广告所表现的商品或服务的特征。

(5)传播范围广。网络广告的传播范围极其广泛,不受时间和空间的限制。通过互联网可以把广告传播到互联网所覆盖的地区的用户中,突破了传统广告只局限于一个地区、一个时间段的限制。互联网可以把广告信息 24 小时不间断地传播到世界各地,而且网络广告可以随时发布在任何地点的互联网网站上,受众可以在任一连接互联网的地点在任何时间内随意浏览广告。

(6)受众针对性明确。网络广告目标群确定。由于点阅信息者即为有兴趣者,所以可以直接命中潜在用户,并可以为不同的受众推出不同的广告内容。尤其在 B2B 电子商务站点,浏览用户大都是企业界人士,网上广告就更具针对性了。

(7)受众数量可准确统计。在互联网上发布的网络广告,可通过权威公正的访客流量统计系统很容易并及时地来精确统计出每个客户的广告被多少个用户看过,以及这些用户查阅的时间分布、地域分布和反映情况等。广告主和广告商可以实时评估广告效果,进而审定他们的广告策略的合理性并进行相应调整。另外,网络广告收费可根据有效访问量进行计费,广告发布者可以有效评估广告效果并按效果付费,避免过去传统广告的失控性和无效性。

表 6-1 是互联网媒体发布广告与传统媒体发布广告的比较。

表 6-1 不同媒体发布广告比较

比较项目	纸质媒体	电视	网站
时间	制作周期长,播报时间限制大	制作周期长,播报时间限制大	制作周期短,24 小时无间断接纳读者,突破时间限制
空间	版面限制大	画面限制大	突破空间限制,自由度大
反馈效果	及时反馈能力弱	及时反馈能力弱	交互式服务,反馈手段便利及时,可提供细致的追踪报告
检索能力	差	无	独特检索手段,保证资源多次利用
宣传形式	文字、画面	画面、声音	多媒体技术,文字、画面、声音相结合,实现动态、有趣的宣传
读者投入度	一般	一般	高度集中
可统计性	不强	不强	强,统计结果及时、准确
价格	中	高	低

3. 网络广告的类型

网络广告的表现形式丰富多彩，目前常见的网络广告形式大致有以下几种。

(1)网幅广告。网幅广告是最早的网络广告形式。网幅广告是以 GIF、JPG 等格式建立的图像文件，定位在网页中，大多用来表现广告内容，同时还可使用 JavaScript 等语言使其产生交互性，用 Shockwave 等插件工具增强表现力。

①按钮广告。按钮广告一般位于页面两侧，根据页面设置有不同的规格，动态展示客户要求的各种广告效果。按钮广告的不足在于其被动性和有限性，它要求浏览者主动点选才能了解到有关企业或产品的更为详尽的信息。

②旗帜广告。旗帜广告通常置于页面顶部，最先映入网络访客眼帘。旗帜广告的主流尺寸为 468 mm×60 mm，使用静态或动画 GIF 图形或动态 flash。

③竖幅广告。竖幅广告位于网页的两侧，广告面积较大，较狭窄，能够展示较多的广告内容。

④巨幅广告。巨幅广告用来解决旗帜广告过小、难以吸引网站访问者注意力的问题。巨幅广告的版面一般要占屏幕显示的 1/3 空间。

(2)文本链接广告。文本链接广告是一种对浏览者干扰最少，但却最有效果的网络广告形式。文本链接采用文字标识的方式，点击后可链接到相关网页。该方式点中率高、价格低、效果好，通常用于分类栏目中。

(3)电子邮件广告。电子邮件广告是指通过互联网将广告发到用户电子邮箱的网络广告形式。它具有针对性强、费用低廉的特点，且广告内容不受限制。它可以针对具体某一个人发送特定的广告，为其他网上广告方式所不及。

(4)网络分类广告。网络分类广告类似于报纸杂志中的分类广告，是在一种专门提供广告信息服务的站点中提供按照产品或者企业等方法可以分类检索的深度广告信息。这种形式广告对于那些想了解广告信息的访问者提供了一种快捷有效的途径。

(5)赞助式广告。赞助式广告多种多样，有三种形式，即内容赞助、节目赞助、节日赞助。其一般放置时间较长且不需要与其他广告轮流滚动，故有利于扩大页面知名度。企业可以对自己感兴趣的网站内容或节目进行赞助，或在特别时期赞助网站进行一定的推广活动。

(6)插播式广告(弹出式广告)。访客在请求登录网页时强制插入一个广告页面或弹出广告窗口。它有点类似电视广告，都是打断正常节目的播放，强迫观看。

(7)富媒体广告。富媒体广告一般指综合运用了 flash、视频和 JavaScript 等脚本语言技术制作的具有复杂视觉效果和交互功能的网络广告。富媒体广告通常尺寸比较大，通过视频或者交互的内容播放可以容纳更多的广告信息，甚至可以让受众不需要点击到广告主网站上即可了解广告主的企业及产品的详细内容。富媒体广告自身通过程序语言设计就可以实现游戏、调查、竞赛等相对复杂的用户交互功能，可以为广告主与受众之间搭建一个沟通交流平台。

(8)视频广告。视频广告是指直接将广告客户提供的电视广告转成网络格式，并在指定页面实现在线播放。

4. 网络广告的收费方式

(1)CPM(cost per mille 或 cost per thousand impressions)——每千人成本。网络广告收费最科学的办法是按照有多少人看到你的广告来收费。按访问人次收费已经成为网络广告的惯例。CPM 指的是广告投放过程中，听到或者看到某广告的每一人平均分担多少广告成本。

传统媒介多采用这种计价方式。对于网络广告,CPM 取决于"印象"尺度,通常理解为一个人的眼睛在一段固定的时间内注视一个广告的次数。比如说一个广告横幅的单价是 1 元/CPM 的话,意味着每一千个人次看到这个广告的话就收 1 元,如此类推,10000 人次访问的主页就是 10 元。

至于每 CPM 的收费究竟是多少,要根据主页的热门程度(即浏览人数)划分价格等级,采取固定费率。国际惯例是每 CPM 收费从 5 美元至 200 美元不等。

(2)CPC(cost per click)——每点击成本。CPC 以每点击一次计费。这样的方法加上点击率限制可以加强作弊的难度,而且是宣传网站站点的最优方式。但是对于此类方法,就有不少经营广告的网站觉得不公平,比如,虽然浏览者没有点击,但是他已经看到了广告,对于这些看到广告却没有点击的流量来说,网站就白忙活了。

(3)CPA(cost per action)——每行动成本。CPA 计价方式是指按广告投放实际效果,即按回应的有效问卷或订单来计费,而不限广告投放量。CPA 的计价方式对于网站而言有一定的风险,但若广告投放成功,其收益也比 CPM 的计价方式要大得多。广告主为规避广告费用风险,只有当网络用户点击广告,链接广告主网页后,才按点击次数付给广告站点费用。

(4)CPR(cost per response)——每回应成本。CPR 以浏览者的每一个回应计费。这种广告计费充分体现了网络广告"及时反应、直接互动、准确记录"的特点,但是这个显然是属于辅助销售的广告模式,对于那些实际只要亮出名字就已经有一半满足的品牌广告要求,大概所有的网站都会给予拒绝,因为得到广告费的机会比 CPC 还要渺茫。

(5)CPP(cost per purchase)——每购买成本。广告主为规避广告费用风险,只有在网络用户点击广告并进行在线交易后,才按销售笔数付给广告站点费用。

无论是 CPA 还是 CPP,广告主都要求发生目标消费者的"点击",甚至进一步形成购买,才予付费;CPM 则只要求发生"目击"(或称"展露""印象"),就产生广告付费。

(6)包月方式。很多国内的网站是按照"一个月多少钱"这种固定收费模式来收费的,这对客户和网站都不公平,无法保障广告客户的利益。

5. 网络广告交换

(1)广告交换的概念。所谓交换广告是指两种或两种以上的广告媒介,互为对方发布广告而不产生广告费用往来的广告。广告刊登地位要平等互换。如在期刊中刊登报刊的广告,同时在报刊上刊登期刊的广告,双方按各自广告价目确定广告地位,不再支付广告费。

网络广告交换是指网站之间通过相互链接、交换文字或横幅广告扩大宣传效果的方法。交换广告主要常见于网络中,同交换链接类似,交换广告也是一种常用的网站推广手段。交换广告与交换链接的主要区别在于双方交换的是标志广告(也有文本广告)而不是各自网站的 logo 或名称,而且通常是加入专业的广告交换网从而与其他成员建立交换广告,而不是自行寻找相关的网站直接交换双方的标志广告,广告投放和显示次数也是由广告交换网决定的。

(2)网络广告交换的分类。网络广告交换可以进行不同的分类:

①从链接方式来看,有文本链接和页面链接。

②从交换广告的形式来看,有横幅广告互换、按钮广告互换、横幅与按钮广告互换以及横幅与插播广告互换等。

③从交换途径来看,网络广告交换可分为广告主直接交换和通过广告交换网进行交换。

(3)建立网络广告交换的一般问题。广告交换的网站很多,但是通常只能和一个网站建立这种交换联系,因此在决定和哪个广告交换网站确立合作关系之前,应该进行认真选择。因为交换广告涉及双方的利益,因此,实际上是一个双方互相选择的问题。对方希望你的网站有一定的访问量,或者网站内容具有吸引潜在访问者的潜力。在选择自己希望的交换广告信息网时,要考虑的主要因素包括交换比例、网站影响力和稳定性。

(4)交换广告的一般方法。当选定合适的广告交换机构之后,就需要加入广告信息网以获得互换广告的资格。加入的方法各网站会略有不同,一般都会在网站上有详细说明。通常需要注册为会员,然后可以获得一段代码,将这段代码置入自己网页的适当位置,就可以完成设置。

在注册为会员之后,还要根据网站对广告的格式、规格、字节数等要求设计好自己的广告条,在规定的时间内上传到网站指定的位置。这样当自己的网站上显示了其他网站广告的同时,也获得在其他网站显示自己广告条的机会。

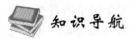知识导航

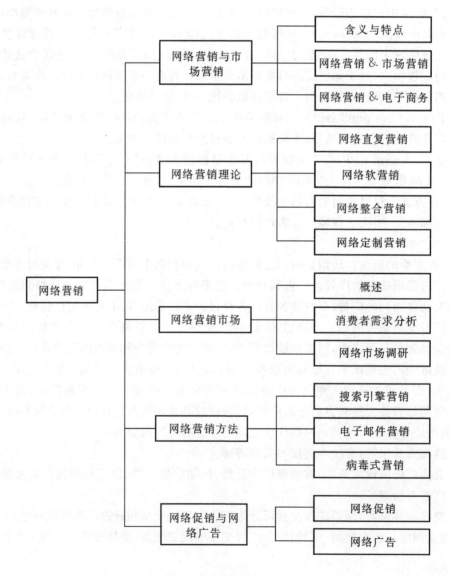

思考与练习

1. 简述网络营销的含义与特点。
2. 简述网络市场调研的步骤与方法。
3. 电子邮件营销的步骤有哪些?
4. 简述病毒式营销的含义与特征。
5. 网络广告有哪些特点?
6. 网络广告有哪些计费方式?

 实训任务

请同学们以小组为单位,通过网络查找一些成功的网络营销案例进行分享。

即测即评

第7章 电子商务物流

 学习目标

1. 理解电子商务与物流间的相互关系,掌握电子商务环境下物流的特点;
2. 掌握电子商务环境下的常见物流模式;
3. 掌握第三方物流以及各种新型物流的含义及功能;
4. 了解常见的现代物流信息技术并掌握条码技术、EDI 技术和射频识别技术的特点及其功能。

 导入案例

迎战物流新战事,菜鸟还有什么筹码?

"未来的物流一定是从数字化到数智化,数智世界将是我们共同面临的时代。"

2019 年,时任阿里巴巴集团 CEO、菜鸟网络董事长张勇就曾预判物流行业的更迭趋势,认为智慧物流将是未来行业发展方向。

目前,数智化已经成为快递物流业的广泛共识,数字技术、智能产品正被运用到产业链的各个环节。

在张勇看来,今天的物流业呈现出了越来越"融合"的趋势:快递源头向上游集中,快递末端也在融合。

作为智慧物流的提出者,菜鸟网络(简称"菜鸟")也践行其中。

在 2021 全球智慧物流峰会上,菜鸟 CEO 万霖表示,物流的重大战略机遇期已经到来,菜鸟将把核心资源全力投入在物流新赛道的开拓上,专注增量创新,帮助实体经济降本增效。

具体来看,菜鸟将重点放在壮大"两条腿":第一,发展快递"最后 100 米"服务,坚持 IoT 技术战略,通过智能硬件、数字技术等服务用户;第二,发展全球物流,搭建更完备的供应链和全球地网。

随着快递物流行业的快速发展,"最后 100 米"成了兵家必争之地。包括顺丰、邮政、"通达系"等物流公司在内,都看中了这个市场,竞相布局。只不过,目前似乎仍未有一家摸索出一套行之有效的商业模式。

菜鸟为何将筹码押注在这个竞争激烈的赛道?又将怎样占领市场?胜算几何?

壮大"两条腿"

成立于 2013 年的菜鸟,如今已是一个有着近十年快递物流经验的行业"老兵"。

回顾菜鸟的发展历程,大致可以分为两个阶段:前期与各大快递物流企业连横,建设国内地网,完成平台履约服务;后期探索物流数智化转型,明确数字化的主导地位。

前后两个阶段的分水岭出现大约在 2017 年。一方面为了配合阿里"五新战略"调整,另一方面为了应对迅速增长的快递包裹数量,菜鸟在这一年开始向着数字化、智能化物流演进。

第 7 章
电子商务物流

熟悉电商行业发展史的人都知道,早几年遇上"618"、双十一大促期间,快递压力剧增,"爆仓"现象频繁发生。直到近些年,物流信息化程度提升,这一现象才得到了明显改善。

背后最大的推动力来自菜鸟电子面单。每一个电子面单宛如快递包裹的"身份证",一改过去手写的 4 联、5 联纸质面单模式,转而采用多段地址库(一二三四段)条形码模式,大大提高了分拣环节的效率。

虽然该技术并非菜鸟首创,但由其最先引入国内电商行业,之后京东、亚马逊等纷纷跟进。

天猫旗舰店"三只松鼠"技术负责人赵灵智曾在接受媒体采访时表示,"信息化的电子面单配合电子拣货系统,使我们的发货效率至少提高了 30%~40%",使用电子面单可以使操作人员数量减少 30%,同时打印速度提升 4 倍至 6 倍,错误率也大大降低了。

此外,智能化设备也进入快递仓库、分拣流水上,在人工智能技术的调度下,可以实现上千台机器人不间断协同作业,物流效率得到进一步提升。

"电子面单、智慧仓储、智慧路由分单等技术的应用,基本上已经让大促造成的爆仓成为过去时。"菜鸟"618"项目负责人周轩榕曾向媒体表示。

国家邮政局数据显示,线上消费日渐火爆,带动了快递业迅速发展,2017—2020 年,中国快递业务量完成数分别为 401 亿件、507 亿件、635 件和 830 亿件,实现了翻倍增长。

快递数量大规模增长背后,整个物流行业的转型升级已经势不可挡。如何在这个赛道上继续找到增量,成了菜鸟接下来发展的关键。

万霖认为,物流的增量赛道主要集中在三个方面:物流数字化、智能化将大大加速;消费者供应链将加快升级到产业供应链;中国物流企业会越来越多参与到全球物流搭建中去。落到具体业务上,菜鸟将从社区服务、全球物流、智慧供应链、全球地网、物流科技和绿色物流六个角度着手。

不难看出,菜鸟实际上是要在坚持数字化、智能化的基础上,向快递末端和全球化两条线发展,想要"深入社区"和"走向世界"齐头并进。

根据万霖介绍,在社区服务方面,菜鸟将基于菜鸟驿站建设社区 15 分钟生活圈,未来除了最基础的保管服务,还会叠加各种生活服务,包括购物、洗衣、回收、派样等。当下,服务以社区居民为主体,服务半径在 1~2 千米范围的商业形态,在城市中的商业价值日益突出。而在全球化方面,菜鸟会将末端站点和智能柜部署全球,预计 2021 年底有超过 3 万个自提设施,同时参与到全球化货运、全球供应链网络打造当中去。

"最后 100 米"战役

在全球物流网络建设方面,菜鸟可以说是目前国内快递业翘楚,有着明显超越同行的优势。所以,菜鸟面临的难题更多是如何在快递"最后 100 米"战役中取胜。

智慧物流迅猛发展的今天,快递末端竞争早已不是"最后一公里",而是聚焦到了"最后 100 米"。

区别于快递物流在仓储、干线运输和分拣环节的高度智能化,快递末端派送环节智能化程度较低。大部分网点仍以效率低下的人工派送方式为主,其中服务质量佳的企业选择送货上门,服务体验差的则需消费者自提。

在快递"最后 100 米"的问题上,不少企业采用的是箱递和站递的模式。其中,箱递主要是指以丰巢、速易递等为代表的智能快递箱;站递则是指以菜鸟驿站为代表的小区周边网点投递站。

关于国内哪家企业谁最早布局快递柜，目前已经比较难考证，能了解到的是大批玩家从2012年开始进入该领域。至今见得比较多的有：三泰控股成立的速递易，顺丰、申通、中通、韵达等共同成立的丰巢，以及后来的菜鸟智能柜。

随着布局企业数量的增加，竞争日趋激烈，末端投递箱数量近两年迎来了增长高峰。《2020中国快递末端服务创新发展现状及趋势报告》显示，2014年以来中国智能快件箱的保有量和箱递量呈现快速增长态势，2019年快件箱保有量增加了13.4万组，箱递量增量达到24.1亿件，均创历史新高。

在疫情催生的"无接触投递"模式引领下，2020年全国累计布放智能快件箱42.3万组，建成快递末端公共服务站10.9万个。

不过，在一众智能快递柜中，菜鸟与头部玩家仍有较大差距。前瞻产业研究院发布的《2020年中国智能快递柜行业市场现状及发展趋势分析》显示，2019年中国智能快递柜市占率第一的是丰巢，占比达到44%；速递易以25%的市占率名列第二；前两名市占率已经逼近70%，而主流快递柜排名中不见菜鸟智能快递柜身影。

箱递上的劣势，菜鸟正试图在站递上找回来。

作为快递"最后100米"的补充，菜鸟早在2013年就开始计划建设菜鸟驿站。《第一财经》数据显示，截至2020年，包括菜鸟乡村服务站在内的菜鸟驿站站点数量已经超过10万家，其中菜鸟乡村驿站超过2万家，校园驿站覆盖了全国近3000所高校。

不过，从商业模式层面分析，万霖认为，菜鸟驿站这种社区小微创业模式还处于探索阶段，收入来源主要是快递员的包裹投递费用。

菜鸟宣布，将为社区居民推出更多的增值服务，从而在未来三年推动站点年平均收入翻倍。据介绍，目前菜鸟驿站洗衣已经在西安等城市试点运营，部分站点每月可增收1000元以上。

菜鸟还将投入更多智能设备，提升站点服务效率。据悉，在杭州仓溢东苑的菜鸟驿站，两台物流无人车"小蛮驴"每天可配送300~400个包裹。阿里巴巴首席技术官兼菜鸟首席技术官程立表示，未来一年，菜鸟将投入1000辆"小蛮驴"进入校园和社区。

实际派送过程中，无论是箱递还是柜递，都存在不少问题。快递柜未经协商收取"超时费"、快递员派送到柜"一扔了之"、驿站收发时间有限制等影响消费者体验的问题频出，菜鸟打赢"最后100米"战役道阻且难。

菜鸟胜算几何？

用张勇的话说，天下没有无缘无故产生的包裹，商业形态的演进影响着物流业态的变化。

成立以来，菜鸟的定位也在不断发生变化，商业形态不断丰富：最初是想建设中国智能骨干网，让全中国2000个城市在任何一个地方只要上网购物，24小时货一定送到家；如今却想着做一家客户价值驱动的全球化产业互联网公司。

早在2007年，阿里就联合富士康，通过投资的方式，将百世纳入物流生态体系；之后又相继入股了圆通、中通、申通、韵达等"通达系"物流公司，建成了覆盖仓、干、配的国内物流网络。新技术浪潮推动下，菜鸟又开始布局智慧供应链、智能物流设备，向着数字化物流升级。

从建设中国物流网络，到成为全球产业互联网公司，菜鸟摸索到了快递物流行业增长的新赛道。

第 7 章 电子商务物流

最新财报显示,2021 财年,凭借在全球化物流、商家智慧供应链等领域的长期投入和开拓,菜鸟在增量市场获得高速增长,剔除与阿里巴巴集团关联交易收入后,全年实现外部收入 372.58 亿元,同比增长 68%。

虽然这部分收入只占到阿里巴巴集团总收入的大约 5%,但与阿里当前发展势头迅猛的云业务(601.2 亿元)相比,体量也达到后者的六成。值得一提的是,菜鸟在 2021 财年还实现了正经营现金流。

菜鸟的成绩,就算是放到外部市场,也是可圈可点。近期登陆港交所的快递物流巨头京东物流此前公布的招股书显示,2020 年,其外部客户收入为 346.45 亿元,不及菜鸟。

"与其他快递公司、仓配物流公司不同,菜鸟的物流解决方案着力于新赛道,菜鸟的增长也主要来自全球化服务、社区服务、产业带服务等新兴的供应链和物流领域,它们都是增量市场,是一片蓝海。"中国物流学会特约研究员杨达卿说。

但这并不意味着菜鸟能够高枕无忧。从业务类别来看,虽然菜鸟并非典型的快递物流企业,与京东、顺丰在商业模式上也存在差异,可随着菜鸟向快递物流产业链延伸、布局越来越深,特别是末端业务同质化趋势增强,菜鸟就不可避免地会受到赛道其他企业影响。

2019 年以来,顺丰、京东这类此前定位高端快递市场的企业也开始瞄准了平价市场,前者开通特惠件业务,后者打造了开放物流网络的计划,加剧了平价市场消费者的争夺。再加上快递新势力极兔的搅局,价格战下,整个菜鸟系快递物流企业都被迫加入行业内卷。

"物流线就是生命线,菜鸟是一家数字基础设施公司,这张物流网络就是水电煤。"2020 年 8 月,万霖曾对菜鸟表达了这样的希冀。但从目前看来,一心想要壮大的菜鸟,距离这个目标似乎还有一段距离。

资料来源:张超.迎战物流新战事,菜鸟还有什么筹码?[EB/OL].(2021-06-18)[2022-05-10]. https://m.sohu.com/a/472325419_99981833/.

7.1 电子商务与物流的相互关系

在人类社会经济的发展过程中,物流的每一次变革都是由其活动的客观环境和条件发生变化所引起的。21 世纪是信息化、知识化社会时代,以信息化和知识化为代表的电子商务正是为适应这一时代要求而产生的,它具有传统商务活动所无法比拟的许多优势,代表了传统商务活动的发展方向和未来。

随着市场供求状况已经进入买方市场,企业的利润已经进入了微利时代,企业通过在生产领域降低成本的空间已经变得非常狭小,许多企业开始把寻求成本优势和价值源泉的目光转向了生产前后的物流领域。

7.1.1 现代物流概述

1. 物流的定义

物流中的"物"是指一切可以进行位置移动的物质资料。物流中的"流"是指物理性位移和时间的转换,在生产领域、流通领域、消费领域都有具体的意义。

目前不同国家学者对物流定义的表述都不相同,我们列出几种具有代表性的定义供大家学习和参考。

(1) D. J. 爱特罗认为,物流是根据销售方针而使生产据点或储存据点的生产资料或消费资料由接受订货向顾客处移动的展开过程。

(2) P. D. 昆巴士认为,"物流"是指从资材到服务,从产地到销地的物理性移动过程。

(3) 阿保荣司则将物流界定为克服时间和空间,连接供给主体和需求主体,创造部分形质效用的包括废弃和还原在内的一切有形无形资材的物理性经济活动。

(4) 1981年,日本综合研究所编著的《物流手册》中,将物流表述为:物流是物质资料从供给者向需要者的物理性移动,是创造时间性、场所性价值的经济活动。从物流的范畴来看,物流包括包装、装卸、保管、库存管理、流通加工、运输、配送等诸种活动。

(5) 美国物流管理协会对物流的定义是:物流是为了满足客户需求而对商品、服务及相关信息从原产地到消费地的高效率、高效益的正向和反向流动及储存进行的计划、实施与控制过程。

(6) 我国国家标准《物流术语》(GB/T 18354—2021)将物流解释为:"根据实际需要,将运输、储存、装卸、搬运、包装、流通加工、配送、信息处理等基本功能实施有机结合,使物品从供应地向接收地进行实体流动的过程。"

以上六种定义将物流各方面的特征都包含在内,概括而言,物流是一个物的实体的流动过程,在流动过程中创造价值,满足客户及社会性需求。也就是说,物流的本质是服务。

2. 物流的分类

目前,物流被广泛应用于社会经济的各个不同领域。尽管不同领域中的物流存在着相同的基本要素,然而由于其对象、目的和范围的差异,形成了不同的物流类型,下面我们仅从物流在生产过程中所扮演的不同角色出发,介绍最常见的物流分类。

(1) 供应物流。供应物流指的是生产企业、流通企业或消费者购入原材料、零部件或商品的物流过程,也就是物资生产者和持有者至使用者之间的物流,也被一些学者称为采购物流。流通领域的供应物流是从买方角度出发,在交易中所发生的物流。生产企业的供应物流是指生产所需要的原材料、零部件或其他物料等采购、供应活动所产生的物流。

对于一个企业而言,流动资金十分重要,但其通常大部分被购入的物资和原材料及半成品等占用。因此,供应物流的合理化管理对于降低企业的成本有重要的意义。

(2) 生产物流。生产物流包括从原材料采购入库起,直到成品发送出去为止的物流活动的全过程。生产物流和企业的生产流程同步,企业在生产过程中,原材料、在制品、半成品等按照生产流程在各个加工点之间不停顿地移动、流转形成了生产物流。如果生产物流中断,生产过程也将随之中断。

生产物流的重要性体现为:如果生产物流均衡稳定,可以保证整个生产过程的顺利完成,缩短生产周期;但如果此时物流不通畅,则很可能会影响到生产过程的完成,甚至会给企业带来致命的打击。同时,如果生产物流的管理和控制合理,也可以使在制品的库存得到压缩,减小设备的负荷。因此,生产物流的合理化对维护企业的生产秩序和降低生产成本都有很大的意义。

(3) 销售物流。生产企业或流通企业销售商品的物流过程称为销售物流,也是指物资从生产者或持有者传递到客户手中的物流。企业的销售物流主要是指售出产品,并把产品送到用户或消费者手中的过程。流通领域的销售物流是指在交易活动中从卖方角度出发的交易行为中的物流。

企业通过销售物流可以进行资金的回笼并组织再生产活动,同时销售物流的成本在商品的最终价格中占有一定的比例。因此,销售物流的合理化在市场经济中可以起到增强企业竞争力的作用。

(4)逆向物流。逆向物流,也称为反向物流,是指为恢复物品价值、循环利用或合理处置,对原材料、零部件、在制品及产成品从供应链下游节点向上游节点反向流动,或按特定的渠道或方式归集到指定地点的物流活动。在生产及流通活动中有许多需要回收并可以加以利用的物资。例如,作为包装容器的纸箱和塑料筐、建筑行业的脚手架、金属废弃物等都可以在回收后重新利用。

回收物资品种繁多、变化较大,且流通的渠道不规则,因此,回收物资的管理和控制难度较大。但是物资的回收可以降低企业的经营成本,并可以充分利用社会资源,对整个社会的可持续发展具有重要意义。

(5)废弃物物流。废弃物物流是指将经济活动或人民生活中失去原有使用价值的物品,根据实际需要进行收集、分类、加工、包装、搬运、储存等,并分送到专门处理场所的物流活动。商品在生产和流通过程中所产生的废弃物,如开采矿山时产生的土石、炼钢生产中的钢渣、工业废水以及其他各种无机垃圾等,在目前的技术条件下,这些废弃物已经没有再利用的价值,但如果不加以妥善处理,会妨碍生产甚至造成环境污染。为了更好地保障生产和生活的正常秩序,对废弃物物流的研究也显得十分重要。在人们越来越注重环保的今天,废弃物物流研究得到了更多人的关注。

3. 物流的作用

在现代社会中,物流与人们日常的生产生活之间的关系愈发紧密,可以从以下三个方面说明物流在经济社会中的重要作用。

(1)服务商流。在商流活动中,供需双方在签订购销合同的那一刻起,商品的所有权就从供应方转移到了需求方,而商品实体还没有移动,所以一般的商流都必须有相应的物流活动,按照需求方的要求将商品实体以适当的方式向需求方转移。

在这个过程中,物流实际上是商流的后续服务。没有物流的服务作用,商流活动也就不能正常实现。

(2)保障生产。在整个生产过程中,物流活动就一直存在着。从原材料的采购开始,就需要原材料的运输,否则生产不能正常进行;在生产的各个工艺流程之间,也需要原材料和半成品的物流过程;产品生产出来后,到仓库中储存或者进入销售过程,都需要物流过程。因此,整个的生产过程,实际上就是系列化的物流活动。

(3)方便生活。在我们的现实生活中,都存在着物流。通过不同国家间的运输,人们可以购买到不同国家的各种商品;通过先进的储藏技术,新鲜的食品保持得更久;通过多种形式的行李托运业务,人们的旅途更加休闲。

▶ 7.1.2 电子商务环境下的物流链

1. 传统物流链的特点

传统的物流活动是一种被动的、从属的职能活动。在传统物流活动中,物的流动都是逐级传递的,因此传统的物流没有从整体角度考虑物流活动,常常导致一方面库存不断增加,另一方面市场需求变化时无法及时满足需求,从而导致企业因为物流管理不善而丧失市场机会。传统物流链的基本结构见图7-1。

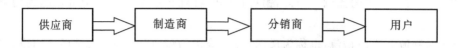

图 7-1　传统物流链的结构

传统意义上的物流链具有以下主要特点：一是纵向一体化的物流传递系统，二是没有整体的观念。

2. 电子商务环境下物流链的特点

电子商务时代，交货时间促使企业需要通过对物流链的重新设计来快速响应市场要求，满足客户不断变化的多样化需求。

作业流程的快速重组能力极大地提高了物流系统。消除不增加价值的过程和时间，可使物流进一步降低成本，实现物流的无缝连接。

电子商务环境下，物流链是一个整体，需要协调各方面的活动才能获得最佳的效果。协调的目的是使满足一定服务质量要求的物品可以流畅地在链中传递，从而使整个物流链能够根据用户的要求步调一致，形成更为合理的供需关系，适应复杂多变的市场环境。因此，合作的互利性是电子商务物流链考虑的一个因素。

由于时间已成为电子商务时代企业竞争优势的主要源泉，因此准时性因素在电子商务下的物流链中变得更加重要。在正确的时间、以正确的数量及品质，将物品送达正确的地点已成为对物流链的基本要求。

在电子商务物流链中，商家、消费者、供货商都可能不止一家，这样就形成了常见的网状物流链，见图 7-2。

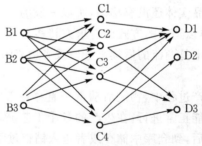

图 7-2　网状物流链结构图

如何处理好物流链中的合作伙伴关系是电子商务企业要考虑的重要问题。物流链合作关系可以定义为供应商与制造商之间在一定时期内共享信息、共担风险、共同获利的协议关系。

从物流链合作关系在缩短物流总周期中的地位可以看出物流对企业的重要性。速度是企业赢得竞争的关键所在，物流链中制造商要求供应商加快物流运作速度，通过缩短物流总周期达到降低成本和提高质量的目的。要缩短总周期，主要依靠缩短采购时间、运输时间以及存储时间。企业之间通过建立物流链的战略合作关系可以达到以上目标。

从物流链的网状模型图上看，相互联系的几个物流链节点的聚合即组成一个物流虚拟企业。这个虚拟企业是一个实际上不存在的企业，只是为了实现某一目标从物流链上有条件地选取一些厂家，以最佳的动态组合方式临时组成一种比较紧密的供应、生产、销售的联系，形成一个虚拟企业。

建立物流合作关系的步骤如下：进行物流链战略合作关系的需求分析；确定标准，选择供应商，选择合作伙伴；正式建立合作关系；实施和加强战略合作关系。任何一个合作伙伴在物流链中都能起到一定的增值作用，见图7-3。

图7-3 合作伙伴在物流链中的增值作用

7.1.3 电子商务与物流的关系

1. 电子商务对物流的影响

(1) 电子商务将把物流业提升到前所未有的高度。在电子商务环境下，大多数商店和银行虚拟化、商务事务处理信息化、多数生产企业柔性化以后，整个市场剩下的就只有实物物流处理工作了。物流企业成了代表所有生产企业及供应商向用户进行实物供应的唯一最集中、最广泛的供应者，是进行局域市场实物供应的唯一主体，可见电子商务把物流业提升到了前所未有的高度。物流企业应该认识到电子商务为其提供了一个空前发展的机遇。

(2) 物流需求发生新变化。在电子商务环境下，物流需求发生了新变化：消费者的地区分布分散化，销售的商品标准化，物流服务需求多功能化和社会化。

(3) 物流服务空间得到进一步扩展。电子商务使物流服务空间进一步扩展，除了传统的物流服务外，还需要增值性的物流服务：第一，增加便利性的服务，即使人"变懒"的服务；第二，加快反应速度的服务，即使流通过程变快的服务；第三，降低成本的服务，即发掘第三利润源泉的服务；第四，延伸服务，即将供应链集成在一起的服务。

2. 物流对电子商务的影响

(1) 物流是电子商务的重要组成部分。电子商务概念刚刚提出的时候，物流管理技术通过利用各种机械化、自动化工具及计算机和网络通信设备，已经日趋完善。作为电子商务初始技术的EDI技术是为了简化烦琐、耗时的订单处理过程，以加快物流速度。电子商务的提出最终更是为了解决信息流、商流和资金流处理上的烦琐对现代化物流过程的延缓，进一步提高现代化的物流速度。

(2) 物流是实现电子商务的保证。电子商务的出现，在最大程度上方便了最终消费者。消费者不必再跑到拥挤的商业街，一家又一家地挑选自己所需的商品，而只要坐在家里，在互联网上搜索、查看、挑选，就可以完成购物过程。但试想，消费者所购的商品迟迟不能送到，或者商家所送的并非自己所购买的，那么消费者还会选择网上购物吗？由此可见，物流是实现电子商务的保证。

(3) 物流是电子商务的支点。电子商务已经成为21世纪的商务工具，而现代物流产业将成为它的支点。从企业的供应链角度来看,电子商务是信息传送的保证,物流是执行的保证。没有物流,电子商务只能是空头支票。

(4)物流是实现电子商务跨区域配送的重点。在B2B电子商务交易模式中,如果出现跨区域物流,物流费用将会大大增加,尤其是在跨国交易中,没有良好的物流系统为双方服务,这种物流成本增加的幅度会更大。因此,最理想的解决方法就是借助第三方物流来完成商品的配送。

3. 电子商务物流的特点

(1)信息化。电子商务时代,物流信息化是电子商务的必然要求。物流信息化表现为物流信息的商品化、物流信息收集的数据库化和代码化、物流信息处理的电子化和计算机化、物流信息传递的标准化和实时化、物流信息存储的数字化等。

(2)自动化。自动化的基础是信息化,自动化的核心是机电一体化,自动化的外在表现是无人化,自动化的效果是省力化。其主要表现在语音/射频自动识别系统、自动导向车、自动存取系统、自动分拣系统、自动搬运系统、货物自动跟踪系统以及库量自动预警机制等。

(3)网络化。物流领域网络化的基础也是信息化,这里指的网络化有两层含义:一是物流配送系统的计算机通信网络,包括物流配送中心与供应商或制造商的联系要通过计算机网络,另外与下游顾客之间的联系也要通过计算机网络。二是组织的网络化,即所谓的组织内部网。

(4)智能化。这是物流自动化、信息化的一种高层次应用,物流作业过程大量的运筹和决策,如库存水平的确定、运输路径的选择、自动导向车的运行轨迹和作业控制、自动分拣机的运行、物流配送中心经营管理的决策支持等问题都需要借助大量的知识才能解决。物流的智能化已成为电子商务下物流发展的一个新趋势。

(5)柔性化。柔性化本来是为实现"以顾客为中心"理念而在生产领域提出的,但要真正做到柔性化,即真正地能根据消费者需求的变化来灵活调节生产工艺,没有配套的柔性化的物流系统是不可能达到目的的。柔性化的物流要求物流配送中心根据消费者"多品种、小批量、多批次、短周期"的特色,灵活组织和实施物流业务。

7.2 电子商务的物流模式

电子商务的任何一笔交易,都包含着信息流、商流、资金流和物流。其中信息流、商流、资金流都可以完全通过信息网络完成,而物流作为"四流"中最为特殊的一种,是实物的传递,不能通过信息网络完成,必须通过实实在在的物流过程才能把实物转移到消费者手中。因此,要想最终完成电子商务的交易过程,物流是其根本保证。

目前,随着市场竞争的加剧,企业为了以较低的交付成本、更好的物流服务在国内、国际市场中赢得竞争优势,纷纷在降低物流成本、提高物流服务水平上下功夫。物流战略的制定越来越成为企业总体战略中不可分割的组成部分。目前,我国企业主要有以下几种物流模式:企业自营物流模式、企业联盟物流模式、第三方物流模式等。

▶ 7.2.1 企业自营物流模式

自营物流模式是指企业的物流活动全部由企业自身组织管理的模式。货主企业利用已有的物流资源,通过采用先进的物流管理系统和物流技术,不断优化物流运作过程,为生产经营过程提供高效优质服务。

电子商务企业自身组织商品配送,能掌握交易的最后环节,有利于控制交易时间。特别是在城市内的配送上,电子商务企业自行组织配送队伍可以减少向其他配送公司下达配送任务的手续,在网上接受订购后,可以立即进行简单的分区处理,然后立即配送,这样往往使得当日配送、限时配送成为可能。

对于任何一个企业而言,拥有一支自己的配送队伍都将是一笔庞大的开支,不是所有的电子商务企业都有必要、有能力自行组织商品配送。

▶ 7.2.2 物流联盟模式

物流联盟模式是指物流企业之间为了提高物流效益、实现物流合理化建立了一种功能互补的物流联合体。进行共同物流的核心在于充实和强化物流的功能。共同物流的优势在于有利于实现物流资源的有效配置,弥补物流企业功能的不足,促使企业物流能力的提高和物流规模的扩大,更好地满足客户需求,提高物流效益,降低物流成本。

物流联盟的一般运行过程见图7-4。

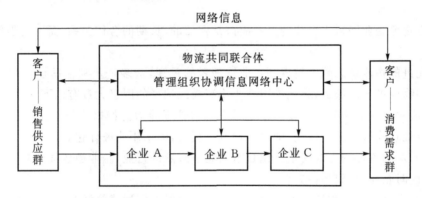

图7-4 物流联盟的一般运行过程

▶ 7.2.3 第三方物流模式

传统的商务活动面临着电子商务的挑战。电子商务作为一场比工业革命更深刻的革命,它一方面把商店、产品、广告、订货、购买、货币、支付、认证等实物与事务处理虚拟化、信息化,使它们脱离实体而能在计算机网络上处理信息;另一方面又将信息处理电子化,将所有信息通过计算机网络用计算机、电子函件、文件传输、数据通信等电子手段来处理,强化了信息处理,弱化了实物处理。用信息处理来控制指挥实体处理,使实体处理更科学化、效率化。这场革命必将导致产业重组。重组的结果使得社会产业只有实业和信息业两种。而在实业中制造公司将会弱化,而物流公司将会强化,所以与电子商务相匹配的第三方物流在千呼万唤的情况下以重要角色登场。

"第三方物流"(three party logistics,TPL)是一个新兴的领域,已得到越来越多的关注。《物流术语》把第三方物流定义为:"由独立于物流服务供需双方之外且以物流服务为主营业务的组织提供物流服务的模式。"

可见,第三方物流实际上就是指由物流劳务的供方、需方之外的第三方去完成物流服务的物流运作方式。第三方是指提供物流交易双方的部分或全部物流功能的外部服务提供者。可以说它是物流专业化的一种形式。这种物流业务形式是建立在现代电子信息技术基础上的企业之间的联盟关系。所以,第三方物流其实就是把企业非核心业务交给更专业的物流公司来做。这样物流公司和工商企业自身都能发挥自己最大的能量,把最擅长的核心业务做得更好。

要更好地理解第三方物流概念必须正确把握以下几个要点:①第三方物流是建立在现代信息技术基础上的现代物流运作方式;②第三方物流服务是合同导向的一系列服务;③第三方物流服务是个性化物流服务;④第三方物流企业与客户企业之间是一种联盟合作伙伴关系。

第三方物流的一般运行方式见图7-5。

图 7-5　第三方物流的一般运行方式

第三方物流企业同货主企业的关系应该是密切的、长期的合作关系,而不是零星的业务往来关系。

随着先进的物流理念越来越得到企业管理者的重视,众多企业都根据自身情况选择适合企业发展的物流模式。那么,影响中国企业物流模式选择的因素大致有以下几点:

(1)物流对企业成功的影响度和企业对物流的管理能力。如果物流对企业成功的重要度很高且企业处理物流的能力也高,则自营物流。反之,则采用业务外包。

(2)企业对物流控制力的要求。越是市场竞争激烈的行业,企业越要强化对供应和分销渠道的控制,此时企业应该自营物流。

(3)企业产品自身的物流特点。对大宗工业品原料的回运或鲜活产品的分销,则应利用相对固定的专业物流服务供应商和短渠道物流;对全球市场的分销,宜采用地区性的专业第三方物流企业提供支援;对产品线单一的企业,则应在龙头企业统一下自营物流;对于技术性较强的物流服务,如口岸物流服务,企业应采用委托代理的方式;对非标准设备的制造商来说,企业自营物流虽有利可图,但还是应该交给第三方物流企业去做。

(4)企业的规模和实力。一般地,大中型企业由于实力较雄厚,通常有能力建立自己的物流系统,制订合适的物流需求计划,保证物流服务的质量。而中小型企业则受人员、资金和管理资源的限制,物流管理效率难以提高。中小型企业为把资源用于主要的核心业务上,就应该把物流管理交给第三方物流企业。

(5)物流系统总成本。在选择是自营还是物流外包时,必须弄清两种模式物流系统总成本的情况。

(6)第三方物流的服务能力。在选择物流模式时,考虑物流成本尽管很重要,但第三方物流为本企业及企业客户提供服务的能力是选择的关键。

▷ 7.2.4　新型物流

1. 第四方物流

第四方物流是埃森哲咨询公司提出的。它是一个供应链集成商,调集和管理组织自己的以及具有互补性的服务提供商的资源、能力和技术，以提供一个综合的供应链解决方案。

第四方物流可以通过整个供应链的影响力，提供综合的供应链解决方案，为顾客带来更大的价值。

第四方物流不仅控制和管理特定的物流服务，而且对整个物流过程提出策划方案，并通过电子商务将这个过程集成起来。因此，第四方物流成功的关键在于为顾客提供最佳的增值服务，即迅速、高效、低成本和人性化服务等。发展第四方物流需平衡第三方物流的能力、技术以及贸易流畅等方面，为客户提供功能性一体化服务并扩大营运自主性。

2. 绿色物流

绿色物流是指通过充分利用物流资源、采用先进的物流技术，合理规划和实施运输、储存、装卸、搬运、包装、流通加工、配送、信息处理等物流活动，降低物流活动对环境影响的过程。

它包括物流作业环节和物流管理全过程的绿色化。从物流作业环节来看，包括绿色运输、绿色包装、绿色流通加工等。从物流管理过程来看，主要是从环境保护和节约资源的目标出发，改进物流体系，既要考虑正向物流环节的绿色化，又要考虑供应链上的逆向物流体系的绿色化。绿色物流的最终目标是可持续性发展，实现该目标的准则是经济利益、社会利益和环境利益的统一。

3. 智慧物流

智慧物流是指以物联网技术为基础，综合运用大数据、云计算、区块链及相关信息技术，通过全面感知、识别、跟踪物流作业状态，实现实时应对、智能优化决策的物流服务系统。智慧物流的本质，是实现物流资源、要素与服务的信息化、数字化、在线化、智能化，并通过数据的连接、流动、应用与优化组合，实现物流资源与要素的高效配置，促进物流服务提质增效、物流与互联网及相关产业的良性互动。

7.3 电子商务物流信息技术

7.3.1 条码技术

自动识别技术是信息数据自动识读、自动输入计算机的重要方法和手段，它是以计算机技术和通信技术的发展为基础的综合性科学技术。自动识别技术近几十年在全球范围内迅猛发展，初步形成了一个包括条码技术、磁条（卡）技术、光学字符识别、系统集化、射频技术、声音识别及视觉识别等集计算机、光、机电、通信技术为一体的高新技术学科。

条码技术作为一种自动识别技术，因其输入度快、准确率高、成本低、可靠性强等原因，发展十分迅速，现已广泛应用于物流业的各个环节。

条码是由一组按特定规则排列的条、空及其对应字符组成的表示一定信息的符号。条码中的条、空分别由深浅不同且满足一定光学对比度要求的两种颜色（通常为黑、白色）表示。条为深色，空呈浅色。这组条、空和相应的字符代表相同的信息。前者用于机器识读，后者供人直接识读或通过键盘向计算机输入数据使用。这种用条、空组成的数据编码很容易译成二进制和十进制数。这些条和空可以有各种不同的组合方法，从而构成不同的图形符号，即各种符号体系，也称码制，适用于不同的场合。条码包括一维条码和二维条码。

条码技术是在计算机技术与信息技术基础上发展起来的一门集编码、印刷、识别、数据采集和处理于一身的新兴技术。条码技术的核心内容是利用光电扫描设备识读条码符号,从而实现机器的自动识别,并快速准确地将信息录入计算机进行数据处理,以达到自动化管理的目的。

目前,国际广泛使用的一维条码种类有 EAN 和 UPC 码(商品条码,用于在世界范围内唯一一种商品)、Code 39 码(可表示数字和字母,在管理领域应用最广)、ITF 25 码(在物流管理中应用较多)、Codebar 码(多用于医疗、图书领域)、Code 93 码、Code 128 码等。其中,EAN 码是当今世界上广为使用的商品条码,已成为电子数据交换的基础;UPC 码主要为美国和加拿大使用。

除以上列举的一维条码外,二维条码也已经迅速发展,并在许多领域得到了应用。二维条码是在平面的二维方向上都表示信息的条码,一般分为堆叠式二维码和矩阵式二维码两种。它不需要数据库的支持就可使用,具有信息量大、编码范围广、纠错能力强、译码可靠性高、防伪能力强等技术特点。

一维条码示意图见图 7-6。

图 7-6 一维条码示意图

7.3.2 EDI 技术

国际标准化组织于 1994 年确认了电子数据交换(EDI)的技术定义:根据商定的交易或电文数据的结构标准实施商业或行政交易从计算机到计算机的电子传输。

EDI 贸易的工作步骤如下:

(1)买方标明要购买的货物的名称、规格、数量、价格和时间等,这些数据被输入采购应用系统,该系统的翻译软件制作出相应的 EDI 电子订单,这份订单被电子传送到卖方;

(2)卖方的计算机接到订单后,EDI 软件把订单翻译成卖方的格式,同时自动产生一份表明订单已经收到的功能性回执,这份回执被电子传递到买方;

(3)卖方也许还会产生并传递一份接受订单通知给买方,表示供货的可能性;

(4)买方计算机收到卖方的功能性回执及接受订单通知后,翻译软件将它们译成买方的格式,这时订单被更新了一次;

(5)买方根据订单的数据,产生一份电子的"了解情况"文件,并电子化传递到卖方;

(6)卖方的计算机收到了买方的"了解情况"文件,把它翻译成卖方的格式,并核查进展情况;

(7)卖方的应用系统产生一份"情况汇报",并被电子传递给买方;

(8)卖方的"情况汇报"被买方的计算机收到,并被翻译成买方格式,用此"情况汇报"的数据,更新买方的采购文件;

(9)在买方的原始 EDI 订单建立的时候,EDI 软件就把数据传递到财会支付应用系统,在那里数据自动输入系统。

由图 7-7 可比较手工与 EDI 技术的差别。

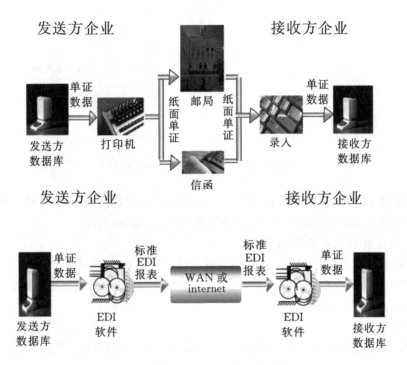

图 7-7 手工与 EDI 技术比较示意图

7.3.3 射频识别技术

射频识别(radio frequency identification,RFID)技术是相对较新的自动识别技术,它可以通过非接触的方式识读信息,通过感应、无线电波或微波能量进行双向通信,其保密性和抗恶劣环境的能力较强。

射频识别技术的基本原理是电磁理论,利用无线电波对记录媒体进行读写。射频识别系统的优点是不局限于视线,识别距离比光学系统远。射频卡具有可读写、可携带大量数据、难以伪造和有智能等功能。射频卡和其他自动识别技术,如条码、磁卡等相比,具有非接触、工作距离长、适于恶劣环境、可识别运动目标等优点,因此完成识别工作时无须人工干预,便于实现自动化且不易损坏,可以识别高速运动物体并可同时识别多个射频卡,操作快捷方便。

射频识别系统的传送距离由许多因素决定,如传送频率、天线设计等。射频识别的距离可达几十厘米至几米,且根据其读写的方式,可以输入数千字节的信息,同时,它还具有极高的保密性。

射频识别系统的组成如图 7-8 所示。

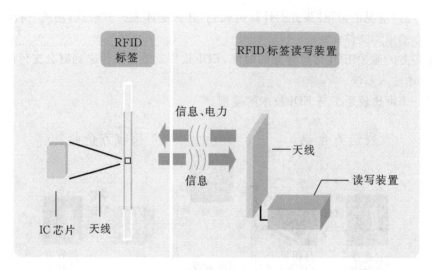

图 7-8 射频识别系统组成示意图

射频识别技术在物流活动中适用的领域为物料跟踪、运载工具和货架识别等要求非接触数据采集和交换的场合,特别适合于需要频繁改变数据内容的场合。

1. 高速公路自动收费及交通管理

高速公路自动收费系统是 RFID 技术最成功的应用之一。RFID 技术的运用,可以实现不停车收费,车辆可以高速地通过收费站的同时自动完成收费,解决了交通瓶颈的问题,同时又解决了收费员贪污路费的问题。

2. 门禁保安

RFID 技术的运用,可以使门禁保安提高效率,减少保安人员。只要人们都佩戴了射频卡,出入的自动识别与非法闯入报警都能由系统自动完成。

3. 射频卡收费

利用射频卡收费,可以减少现金收费的不安全性,并可实现一卡多用,方便人们的生活。

4. 生产线自动化

RFID 技术在生产流水线上可实现自动控制、监视,提高生产率,改进生产方式,节约成本。

5. 仓储管理

RFID 技术在智能仓库货物管理中的运用,完全有效解决了仓库中与货物流动有关的信息的管理问题,它不但增加了一天内处理货物的件数,还监看着这些货物的一切信息。

▶ 7.3.4　EOS 技术

电子订货系统(electronic ordering system,EOS)是指企业间利用通信网络和终端设备进行订货作业与订货信息交换的系统。电子订货系统结构见图 7-9。

在日常物流作业中,电子订货系统主要起到以下作用:

(1)对于传统的订货方式,如上门订货、邮寄订货、电话和传真订货等,EOS 系统可以缩短从接到订单到发出订货的时间,缩短订货商品的交货期,减少商品订单的出错率,节省了人工费。

(2)有利于减少企业的库存,提高企业的库存管理效率,同时也能防止商品特别是畅销商

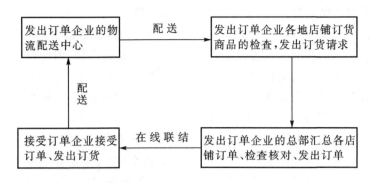

图 7-9　电子订货系统结构图

品缺货现象的出现。

(3)对于生产厂家和批发商来说,通过分析零售商的商品订货信息,能准确判断畅销商品和滞销商品,有利于企业调整商品生产和销售计划。

(4)有利于提高企业物流信息系统的效率,使各个业务信息子系统之间的数据交换更加便利和迅速,丰富企业的经营信息。

7.3.5　地理信息系统与卫星导航系统

1. 地理信息系统

地理信息系统(geographical information system,GIS)萌芽于 20 世纪 60 年代初。美国麻省理工学院首次提出计算机图形学术,并证明了交互计算机图形学是一个可行的、有用的研究领域,从而显示出这一科学分支的独立地位。

它具有以下三个方面的特征:

(1)具有采集、管理、分析和输出多种地理空间信息的能力,具有空间性和动态性。

(2)以地理研究和地理决策为目的,以地理模型方法为手段,具有区域空间分析、多要素综合分析和动态预测能力,能产生更高层次的地理信息。

(3)由计算机系统支持进行空间地理数据管理,并由计算机程序模拟常规的或专门的地理分析方法,作用于空间数据,产生有用信息,完成人类难以完成的任务。

GIS 作为支持空间定位信息数字化获取、管理和应用的技术体系,它正随着计算机技术、空间技术和现代信息基础设施的飞速发展,在全球经济信息化进程中日趋重要。特别是当今"数字地球"概念的提出,使人们对 GIS 的重要性有了更深的了解。进入 20 世纪 90 年代以来,GIS 在全球得到了空前迅速的发展,广泛应用于各个领域,产生了巨大的经济和社会效益。

GIS 应用于物流分析,主要是指利用 GIS 强大的地理数据功能来完善物流分析技术。完整的 GIS 物流分析软件集成了车辆路线模型、最短路径模型、网络物流模型、分配集合模型和设施定位模型等。

(1)车辆路线模型用于解决在一个起始点、多个终点的货物运输中,如何降低物流作业费用,并保证服务质量的问题。它包括决定使用多少辆车、每辆车的行驶路线等。

(2)最短路径模型。最短路径模型可以根据定义的出发点和目标点,在网络图上,以一定的算法为基础找出从出发点到目标点的最短路径。最短路径问题是 GIS 分析中的关键问题,在交通网络结构的分析、交通运输线路的选择、通信线路的建造与维护、运输货流的最小成本分析、城市公共交通网络的规划等,都有直接应用的价值。

(3)网络物流模型用于解决寻求最有效的货物分配问题,也就是物流网点的布局问题。如将货物从 N 个仓库运往到 M 个商店,每个商店都有固定的需求量,因此需要确定由哪个仓库提货送给哪个商店,而总的运输代价最小。

(4)分配集合模型可以根据各个要素的相似点把同一层上的所有或部分要素分为几个组,用以解决确定服务范围和销售市场范围等问题。

(5)设施定位模型用于确定一个或多个设施的位置。在物流系统中,仓库和运输线共同组成了物流网络,仓库处于网络的节点上,节点决定着线路如何根据供求的实际需要并结合经济效益等原则,在既定区域内设立多少个仓库,每个仓库的位置,每个仓库的规模,以及仓库之间的物流关系等。

2. 卫星导航系统

卫星导航系统是一种以人造地球卫星为基础的高精度无线电导航的定位系统,它在全球任何地方以及近地空间都能够提供准确的地理位置、车行速度及精确的时间信息。卫星导航系统自问世以来,就以其高精度、全天候、全球覆盖、方便灵活吸引了众多用户。

目前,全球四大卫星导航系统分别是美国全球定位系统、欧盟"伽利略"系统、俄罗斯"格洛纳斯"系统和中国北斗卫星导航系统。

北斗卫星导航系统由空间段、地面段和用户段三部分组成,可在全球范围内全天候、全天时为各类用户提供高精度、高可靠定位、导航、授时服务,并且具备短报文通信能力,已经初步具备区域导航、定位和授时能力,定位精度为分米、厘米级别,测速精度 0.2 米/秒,授时精度 10 纳秒。

基于北斗的导航服务已被电子商务、移动智能终端制造、位置服务等厂商采用,广泛进入中国大众消费、共享经济和民生领域,深刻改变着人们的生产生活方式。例如,国内多家电子商务企业的物流货车及配送员,应用北斗车载终端和手环,实现了车、人、货信息的实时调度。

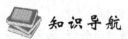知识导航

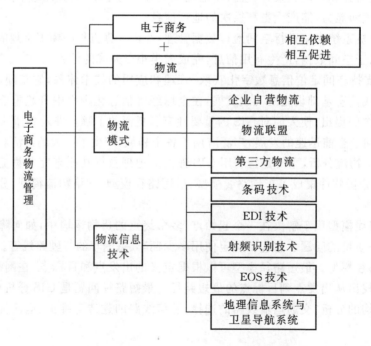

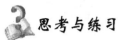

 思考与练习

1. 物流的含义是什么？
2. 物流在电子商务中的作用有哪几方面？
3. 电子商务物流模式与传统物流模式的区别有哪些？
4. 如何正确理解电子商务活动中信息流、物流和资金流之间的关系？
5. 电子商务物流技术主要有哪些？

实训任务

请同学们以小组为单位，分析如何更好地促进电子商务与物流协同发展。

即测即评

第8章 移动商务

 学习目标

1. 了解移动商务与移动营销的含义；
2. 了解移动商务的实现技术；
3. 理解移动商务的主要模式；
4. 理解开展移动营销的策略；
5. 了解移动营销的典型应用。

 导入案例

千亿投资仍在流向移动互联网：谁是新的生长力量？

过去十年，在历经电商、移动支付、短视频、手游等移动互联网典型场景爆发式的发展后，有大佬曾表达"到2020年，移动互联网的黄金十年已经过去"——4G、智能手机普及、人口基数等带来的红利已经结束。

在被带入悲观的情绪之前，我们不禁想问：是真的吗？移动互联网蓬勃的生命力仅仅能维持一个十年吗？最近在由华为开发者联盟联合艾瑞咨询发布的《2022年移动应用趋势洞察白皮书》中（以下简称白皮书），可感知到另一种信号——最能嗅到市场信号的风险投资机构们，仍在寻找和出手投资移动互联网新的生长力量。

2021年，资本在移动互联网仍有千亿投资

白皮书显示，2021年中，一级市场投资机构对移动互联网应用领域中包括影音娱乐、电商、通信社交、运动健康等仍有高额频繁的投资。2021年资本仅在影音娱乐、通信社交、电商和运动健康领域的投资事件就达260起，涉及融资金额高达千亿元规模，参与者不乏红杉资本中国、高瓴创投、GGV纪源资本、君联资本等多家顶级资本。

2021年，在影音娱乐领域发生的投融资交易达到106起，金额达到483亿元。其中，资本投资的重点集中在动漫和视频/直播两大领域，投资数量分别为29次、46次，两者的投资金额占影音娱乐领域总金额的82%，具体涉及虚拟形象/虚拟人、微短视频等热门赛道。

在虚拟视频/直播领域，万像文化获SIG海纳亚洲数千万美元投资，致力于将虚拟偶像快速应用于直播带货；随幻科技获GGV纪源资本和腾讯数千万美元投资。在微短视频领域，兔狲文化获哔哩哔哩战略投资，兔狲文化拥有"不思异TV"微短剧的厂牌，深耕奇幻、悬疑、科幻类内容。

白皮书给出的调查数据显示，用户对新形式视频的喜爱度中，互动视频、虚拟人视频、VR全景视频都达到了60%以上。头部娱乐企业加码虚拟影音内容的生产和合作，虚拟成像、虚拟现实（VR）和增强现实（AR）技术的不断成熟和融合，用户观影视角、互动体验和沉浸参与将会更加丰满,影音娱乐内容的观感体验将得到突破性升级。

在通信社交领域,2021年资本出手投资31次,投资总额为35亿元,单笔平均融资额1.1亿元。其中,兴趣社交领域共发生13起投资事件,陌生人社交共发生12起投资事件。即使通信社交领域的应用集中度高,但是开发者、创业者和投资人,从未停止过对社交新事物的探索和投资。

艾瑞数据显示,2021年图片视频类和文字问答类社区交友应用使用时长保持上涨,是通信社交行业中的增长亮点。尤其是银发族、Z世代两个人群成为互联网增长新势力,其社交需求受到资本市场高度关注。例如,在兴趣社交领域,为剧本杀爱好者提供信息分享和交友服务的天剧获百万元种子轮投资;在Z世代、银发老人社交领域,服务青少年群体的PicoPico获SIG海纳亚洲投资,服务退休人群的红松学堂获BAI资本亿元投资。

值得注意的是,在元宇宙大热的背景下,"虚拟社交"成为各大巨头抢抓Z世代的重要法宝。腾讯QQ秀升级为超级QQ秀,推出3D虚拟形象设计和居家社交功能,培养用户沉浸式虚拟社交习惯。

在电商领域,资本可谓是频频出手、重金投资。2021年资本在电商领域共出手投资87次,投资总额高达729亿元,这其中资本大力布局综合电商和社区电商,在这两大赛道分别投资293亿元和275亿元。此外,在消费升级的背景下,投资人长期看好零售服务线上化,关注生鲜、母婴、药品、鲜花等各类"即时快送+垂类细分",例如T11生鲜超市获阿里巴巴等多位资方1亿美元投资;母婴用品精选购物社交电商平台万物心选获数千万美元的C轮融资,细分消费品逐渐汇入电商运营。

2021年电商模式创新层出不穷,且针对人群和品类已经逐步细分化。白皮书显示,电商用户对于购物体验的诉求不断提高,在文字、图片、视频直播之后,随着底层技术的跟进,AR试穿或将成为电商平台标配的商品展示方式。一旦技术可应用,新的电商模式和产品,非常值得期待。

随着大众消费意识的改观和健康意识的觉醒,新时代的消费群体加大对运动健身的重视。白皮书数据显示,在疫情的影响和政策的积极引导之下,健康医疗类应用(含健身运动类、健身减肥类)的月活设备数量于2021年同比增长6%。资本不会放过每一个有发展潜力的新赛道。2021年资本在运动健康领域出手投资36次,投资总额为86亿元。其中,大众健身赛道2021年共发生15起投资事件,融资金额61亿元,占比达到71%,可以说是运动健康领域最受资本欢迎的赛道。

从融资事件来看,运动社区O2O平台悦动圈获1.77亿元战略投资;专注于跑步数据分析的RunningQuotient获哈勃投资战略投资;在滑雪运动领域,基于地理信息定位的滑雪运动数据记录和滑雪影像服务的滑呗/粉雪科技获高瓴创投千万元A轮投资;在居家健身科技、智能健身硬件领域,主打智能单车和跑步机的野小兽获小米集团等多方投资人数亿元投资;主打健身镜的沸彻科技获君联资本、腾讯等多位投资方3亿美元投资。在新时代下,以"硬件+内容"结合的新兴健身科技企业,备受投资人关注。

资本对以上四大领域的投资,仅仅是移动互联网行业中的冰山一角。对于资本来说,移动互联网下的多领域、多层级、多消费场景,仍旧是一块巨大的蛋糕,并且伴随人工智能、元宇宙等为代表的新技术和以智能汽车等为代表的新智能应用场景的出现,移动应用再次成为高增长的潜力市场。

新技术、新需求、新场景引来投资新风口

在智能化浪潮之下,用户对移动应用提出了更高的要求,成熟的技术为移动应用持续赋能以满足用户更多需求,赋予移动应用市场新生机会,也引来资本投资的目光。

比如人工智能。我们看到人工智能正在为移动应用提供更丰富的新体验,如物体识别、AR显示、语义处理等,相关功能的用户需求比例为50%~60%。各大移动互联网企业还将其运用到如自动驾驶汽车、智能家居、智能语音搜索等领域,又推动了一大批应用的发展。

除人工智能外,元宇宙是另一个备受资本关注的热点。2021年元宇宙概念集中爆发,引发大众的注意。事实上,在移动互联网企业的布局与推动下,扩展现实(XR)、虚拟数字人、3D建模等技术早已渗透在娱乐、出行、文旅等日常生活中。凭借虚拟技术,不管是与之有关的VR/AR硬件设备,还是渐受欢迎的虚拟人物,从娱乐到社交再到现实生活,元宇宙都将打开新世界的大门,也将为移动互联网行业带来新的发展。

除了新技术带来的机会外,新的场景也在深化移动互联网发展。比如,在智能汽车场景中,根据调研数据显示,汽车车主对拍摄美化、社交通信、影音娱乐、游戏娱乐的需求比例均超过50%。在应用服务场景丰富的情况下,手机应用与车机系统互联需求强烈,以新智能终端驱动的新场景又将为移动互联网行业带来难以想象的发展。

白皮书数据显示,用户平均拥有近5台智能设备,包括手机、电视、手表、耳机、平板甚至智能汽车等。随着智能设备不断深入各大生活场景,用户对跨设备的智能互联互动也有了新的需求,对多设备协同有需求的用户人均使用5.8台智能电子设备,比整体用户人均多0.8台,说明新场景下多端协同能力已经受到用户重视。

2021年华为发布的多终端、跨操作系统、全场景的HMS Core 6,开放了7大领域的69个kit,共计超过2万个API,以人工智能、3D建模、网络优化等核心技术能力助推影音娱乐、电商生活等细分行业应用场景的落地,满足用户多样化的需求。创新技术是企业发展的重要推动力量,未来企业可以通过创新技术加速进入互联网变革的新战场,不断增强竞争力,以适应互联网和智能设备带来的新风口,获得投资人的青睐。

最后

在科技迅猛发展的今天,移动互联网从不曾原地踏步、一成不变。已经深入社会生产生活方方面面的移动互联网,凭借不断发展的新技术、新需求、新场景,仍在持续为市场带来更多受用户欢迎的移动应用及服务。

我们相信移动互联网的生命力不会如此短暂,我们有理由期望新形势下的新生态系统中仍会有层出不穷的创意和力量颠覆当下。

资料来源:李新新.千亿投资仍在流向移动互联网:谁是新的生长力量?[EB/OL].(2022-03-25)[2022-05-10]. https://m.thepaper.cn/baijiahao_17281294.

8.1 移动商务概述

8.1.1 移动商务的含义

移动商务,又称移动电子商务,是指通过移动通信网络进行数据传输,并且利用移动终端开展的电子商务活动。它将互联网、移动通信技术、短距离通信技术及其他信息处理技术完美结合，使人们可以在任何时间、任何地点进行各种商贸活动，实现随时随地、线上线下的购物与交易、在线电子支付以及各种交易活动、商务活动、金融活动和相关的综合服务活动等。

随着移动智能终端的普及，中国移动电子商务用户消费习惯逐渐形成，传统电商巨头纷纷布局移动电商，众多新型移动电商购物平台不断涌现。数据显示，从 2013 年的 2679 亿元到 2019 年的 67580 亿元，中国移动电商市场交易额持续增长。

8.1.2 移动商务的特点

1. 具有无处不在、随时随地的特点

移动电子商务与传统电子商务相比，最大的特点就是随时随地，无时无刻，不受时空的限制。传统电子商务已经使人们感受到了网络所带来的便利和快乐，但它的局限在于它必须有线接入，而移动电子商务则可以弥补传统电子商务的这种缺憾，可以让人们随时随地结账、订票或者购物，感受独特的商务体验。

2. 用户规模大

移动电子商务以移动电话为载体，不论在用户规模上，还是用户消费能力上，都优于传统的电子商务。截至 2021 年 12 月，我国移动电话用户总数达到 16.43 亿户，我国网民使用手机上网的比例达 99.7%。

3. 提供更好的个性化服务

对于传统电子商务来说，移动电子商务在一定程度上能够给移动用户提供更多动态信息，这给个性化的服务提供创造了更好的条件且移动用户能根据自己的爱好需求来灵活定制服务和汲取信息。

4. 提供与位置相关的商务应用

移动电子商务还能快速精准地获取和提供位置信息，与位置相关的商务应用成为移动电子商务领域中的一个重要组成部分。

5. 网上支付更加方便快捷

与传统电子商务对比，移动电子商务的网上支付更加方便快捷。用户可以直接通过移动终端访问网站，付费方式包括银行、线上钱包、用户电话账单支付或者专用预付账户上借记，满足了用户不同的需求。

8.1.3 移动商务的实现技术

1. 无线应用协议（WAP）

WAP 是 wireless application protocol 的缩写，它是由爱立信、摩托罗拉、诺基亚和无线星球公司最早倡导和开发的，它的提出和发展是基于在移动中接入互联网的需要。WAP 是开展移动电子商务的核心技术之一，它提供了一套开放、统一的技术平台，使用户可以通过移动设备很容易地访问和获取以统一的内容格式表示的互联网或企业内部网信息和各种服务。通过WAP，手机可以随时随地、方便快捷地接入互联网，实现不受时间和地域约束的移动电子商务。

2. 移动 IP（mobile IP）

移动 IP 是由互联网工程任务组（IETF）在 1996 年制定的一项开放标准。它的设计目标是能够使移动用户在移动自己位置的同时无须中断正在进行的互联网通信。移动 IP 现在有两个版本，分别为 Mobile IPv4（RFC 3344）和 Mobile IPv6（RFC 3775）。目前移动 IP 主要使用三种隧道技术，即 IP 的 IP 封装、IP 的最小封装和通用路由封装来解决移动节点的移动性问题。

3. 蓝牙（blue tooth）

蓝牙是由爱立信、诺基亚、东芝、IBM 和英特尔等公司于 1998 年 5 月联合推出的一项短程无线连接标准。该标准旨在取代有线连接，实现数字设备间的无线互联，以便确保大多数常见的计算机和通信设备之间可方便地进行通信。蓝牙作为一种低成本、低功率、小范围的无线通信技术，可以使移动电话、个人电脑、个人数字助理、便携式电脑、打印机及其他计算机设备在短距离内无须线缆即可进行通信。蓝牙支持 64 kb/s 实时话音传输和数据传输，传输距离为 10～100 m，其组网原则采用主从网络。

4. 无线局域网（WLAN）

WLAN 是 wireless local area network 的缩写，它是一种借助无线技术取代以往有线布线方式构成局域网的新手段，可提供传统有线局域网的所有功能，支持较高的传输速率。它通常利用射频无线电或红外线，借助直接序列扩频（DSSS）或跳频扩频（FHSS）、高斯最小频移键控（GMSK）、正交频分复用（OFDM）和超宽带（UWB）等技术实现固定、半移动及移动的网络终端对互联网进行较远距离的高速连接访问。1997 年 6 月，电气与电子工程师协会（IEEE）推出了 802.11 标准，开创了 WLAN 先河。目前，WLAN 主要有 IEEE802.11 与 HiperLAN 两种系列标准。

5. 通用分组无线业务（GPRS）

GPRS 的英文全称为 general packet radio service，是欧洲电信标准化协会（ETSI）在全球移动通信系统（GSM）的基础上制定的一套移动数据通信技术标准。它是利用"包交换"（packet-switched）的概念所发展出的一套无线传输方式。GPRS 是 2.5 代移动通信系统。GPRS 具有数据传输率高、永远在线和仅按数据流量计费的特点，目前得到较广泛的使用。

6. 第三代移动通信技术（3G）

它是由卫星移动通信网和地面移动通信网组成的，支持高速移动环境，提供语音、数据和多媒体等多种业务的先进移动通信网。国际电信联盟（ITU）原本是要把世界上的所有无线移动通信标准在 2000 年左右统一为全球统一的技术格式。但是由于各种经济和政治的原因，最终形成了三个技术标准，即欧洲的 WCDMA、美国的 CDMA2000 和中国的 TD-SCDMA。TD-SCDMA 是由中国第一次提出并在无线传输技术（RTT）的基础上与国际合作完成的。相对于其他两个标准，TD-SCDMA 具有频谱利用率高、系统容量大、建网成本低和高效支持数据业务等优势。

7. 第四代移动通信技术（4G）

4G 集 3G 与 WLAN 于一体，并能够快速传输数据、高质量音频、视频和图像等。按照国际电信联盟的定义，4G 静态传输速率达到 1 Gb/s，高速移动状态下可以达到 100 Mb/s。4G 可以在数字用户线（DSL）和有线电视调制解调器没有覆盖的地方部署，然后再扩展到整个地区。

8. 第五代移动通信技术（5G）

5G 是具有高速率、低时延和大连接特点的新一代宽带移动通信技术，5G 通信设施是实现人机物互联的网络基础设施。2015 年，国际电信联盟定义了 5G 的三大类应用场景，即增强移动宽带（eMBB）、超可靠低时延通信（URLLC）和大连接物联网（mMTC）。增强移动宽带主要面向移动互联网流量爆炸式增长，为移动互联网用户提供更加极致的应用体验；超可靠低时延通信主要面向工业控制、远程医疗、自动驾驶等对时延和可靠性具有极高要求的垂直行业应用需求；大连接物联网主要面向智慧城市、智能家居、环境监测等以传感和数据采集为目标的应用需求。

为满足 5G 多样化的应用场景需求，5G 的关键性能指标更加多元化。国际电信联盟定义了 5G 八大关键性能指标，其中高速率、低时延、大连接成为 5G 最突出的特征，用户体验速率达 1 Gb/s，时延低至 1 ms，用户连接能力达 100 万连接/km^2。

2022 年 1 月，工业和信息化部发布的《2021 年通信业统计公报》显示，截至 2021 年底，我国累计建成并开通 5G 基站 142.5 万个，总量占全球 60% 以上，每万人拥有 5G 基站数达到 10.1 个。据工业和信息化部最新统计显示，截至 2022 年 4 月末，中国已建成 5G 基站 161.5 万个，成为全球首个基于独立组网模式规模建设 5G 网络的国家。

▶ 8.1.4 移动商务的主要模式

智能终端的普及、网络设施的建设，为移动电子商务的快速发展提供了坚实的技术平台基础，推动着移动电子商务向便捷化趋势发展。开展移动电子商务，首先要从技术上保障速度与安全。一方面，移动电子设备的广泛应用为移动电子商务的发展提供了强大动力。与传统电脑端电子商务相比，移动电子商务方便快捷，约束条件少，弥补了传统电子商务的不足。另一方面，移动电子商务的安全性成为人们关注的热点。在开展移动电子商务过程中，存在着消费者信息泄露等不安全性因素，保障移动电子商务安全成为移动电子商务发展的重要趋势。

移动电子商务的应用不断创新，为移动电子商务的发展提供了完备的应用基础，推动着移动电子商务向企业应用化与产业配套化趋势发展。一方面，企业作为市场经济的主体，逐步认识到移动电子商务在企业经营与管理方面的重要性，利用移动电子商务，建立移动互联网应用平台，扩展企业信息系统的可访问范围，优化企业数据采集和信息传递流程，实现远距离客户关系维护、销售管理及其他日常运行工作，实现由"传统互联网"向"移动互联网"的跨越转变，从而提高业务效率和服务水平。另一方面，移动电子商务产业链整合将不断深入，移动电子商务的合作形式将会从最初的上下游链状形态逐渐变更为多条产业链为主体、多层次网状协作的较完整的产业链形态，不同的参与主体在产业链中都可找到合适的角色与定位，从而创新移动电子商务模式，实现资源的合理配置与组合。

移动电子商务的发展模式主要有以下几种。

1. 以移动运营商为核心的移动电子商务模式

终端设备制造商的主要职能是开发和推广移动终端设备。设备制造商作为市场上的移动设备制造者，主要采用"设备+服务"的商业模式，目前市场上以苹果公司的 App Store 为代表。移动通信运营商提供一个高速的网络支撑平台。作为移动电子商务中的主要网络提供者和支撑者，移动通信运营商主要采用"通道+平台"的商业模式，它控制着移动网络平台，在移动电子商务产业链中处于信息传递的核心地位，为移动应用用户提供方便快捷的网络接入服务，以获取利润，并确保网络交易的信息安全。

2. 以平台提供商为核心的移动电子商务模式

移动电子商务交易平台提供商为商户与用户提供一个商品交易技术平台，主要采用"平台+服务"的商业模式。平台提供商为移动电子商务商户运营提供多样化的整体解决方案，为用户提供功能完备、内容丰富、灵活方便的应用平台，满足日益快速发展的交易需求。所建平台支持不同的技术标准、行业协议和终端需求,方便不同的用户使用。平台提供商通过分析商家和用户信息,为他们提供个性化的服务。平台提供商通过广告等不同手段,扩大客户基础,吸引更多内容提供商加盟。平台提供商通过吸引内容提供商在平台投放广告来增加利润。

3. 以内容与服务提供商为核心的移动电子商务模式

内容与服务提供商主要通过"内容+服务"的商业模式来经营。内容提供商是移动电子商务中有关交易的创造者和传播者,是为移动电子商务提供内容和服务的具体执行者,是实现移动电子商务商业价值的根本推动者。它通过提供产品信息、商业图片、版权动画等丰富的移动电子商务资源,直接或通过移动互联网向客户提供多种形式的信息内容和服务,从而实现移动电子商务的增值价值。服务提供商是对内容提供商已经开发出来的内容进行二次处理,形成满足客户需求的适合在移动互联网上传送的数据应用,或者将内容开发成为终端客户提供增值服务的应用。

8.2 移动营销概述

8.2.1 移动营销的定义

移动营销是指以手机为主要传播平台,直接向分众目标受众定向和精确地传递个性化即时信息,通过与消费者的信息互动达到市场沟通的目标,也称作手机互动营销或无线营销。移动营销是在强大的数据库支持下,利用手机通过无线广告把个性化即时信息精确有效地传递给消费者个人,达到"一对一"的互动营销目的。

移动营销指向移动中的消费者,通过他们的移动设备递送营销信息。随着手机的普及,以及营销者能根据人口统计信息和其他消费者行为特征定制个性化信息,移动营销发展迅速。营销者运用移动营销在购买和关系建立的过程中随时随地到达顾客,并与顾客互动。对于消费者来说,一部智能手机或平板电脑就相当于一位便利的购物伙伴,随时可以获得最新的产品信息、价格对比、来自其他消费者的意见和评论,以及便利的电子优惠券。移动设备为营销者提供了一个有效的平台,营销者借助移动广告、优惠券、短信、移动应用和移动网站等工具,吸引消费者深度参与和迅速购买。

8.2.2 移动营销思维

1. 用户思维

用户思维,要求企业站在用户的立场上,站在用户的角度,以用户的思维模式去思考问题,去面对移动营销。企业必须清楚向谁营销,把消费者的需求满足能力作为企业最佳关注点,这样企业才会得到更好的发展思路。

2. 产品思维

明确用户的需求后,企业就需要有针对性地设计出可以让用户满意的产品。不管是让用户获得更好的购物体验,还是为用户提供更安全的食品,目的都是打造一款能够对用户产生价值的产品。

3. 渠道思维

移动互联网时代,消费者选择产品的渠道很多,商家销售产品的渠道也很多。移动营销中的渠道思维,就是要找到最适合产品销售的渠道,找到最适合消费者获取产品的渠道,找到企业和消费者能够快速交互的渠道。这样才能利于产品的销售,利于对消费者的把握。

4. 口碑思维

企业打造口碑很重要。随着消费者分享、点赞、收藏、转发、评论的增加,随着消费者对好评的响应力,移动营销的口碑思维展示出重要的影响力和作用力。它能够令企业思考如何通过移动营销方式来构建品牌口碑、产品口碑或个性化口碑。品牌的线下营销需要口碑,品牌的线上营销更需要口碑。借着良好口碑的打造,企业可以获取更大收益。

5. 社群思维

在这个社群无处不在的移动营销时代,做品牌就是做沟通;沟通到位了,品牌力自然就有了。社群是消费者兴趣的集散地,也是消费者关注点的集散地。具有社群思维,就会善于运用社群力量来实施社群营销。如果企业善于通过卓有成效的营销方式将品牌产品渗透进和目标消费群相关的社群之中,那么销售的转化将变得比较普遍。

6. 平台思维

众所周知,这是一个具有多元化平台的时代。企业要么创造自己的平台,要么利用别人的平台。通过搭建平台,做好品牌服务;或者借助平台力量,吸引流量。企业利用平台来实现和目标消费群的遥相呼应。

7. 场景思维

企业站在用户角度去思考如何获得更好的使用体验,把产品的使用过程嵌入用户日常所见的情境中。场景无处不在,场景的塑造无时不在。移动营销需要做好场景的设定,需要进入用户的思维空间,进入用户的选择心理,进入用户的产品使用过程。有了良好的场景思维能力,移动营销会更切合用户的使用实际。

8. 体验思维

消费者的真实体验、沉浸体验和超出期待的体验,会进一步促成销售转化率的提高。移动营销需要深入了解体验思维,和消费者的心一起跳动。带动消费者,让他来参与体验;拉动消费者,抵达企业的体验空间。出色的体验能加快消费者的认知和决策步伐。

8.2.3 移动营销策略

1. 通过社交网络与新用户接触

很多企业在尝试通过微信、QQ、微博、抖音等社交网络发布品牌相关内容,以吸引新用户。社交平台为企业提供了增加品牌知名度并最终促进销售的机会。因此,企业在社交网络上投放移动广告是有益的,可以接触到大量新的潜在用户。

2. 拉近与用户和追随者的距离

一般在某家店铺购买过产品的用户,可能会再次回购,因此企业要做到及时或者适时地通知用户有关新产品、促销、折扣优惠以及某些产品的特价信息。例如,企业通过企业的移动营销社群,向用户介绍最新的信息。

3. 借助通信渠道进行沟通

通信渠道的使用是企业与老用户和潜在用户沟通的绝佳策略,可将包含新闻、特殊产品和折扣的信息,以电子邮件或微信订阅号的方式推送给用户。企业在进行软文设计时,要注意做到图文并茂,还要将软文设计成适应不同屏幕的类型。

8.3 移动营销的典型应用

8.3.1 短信营销

短信营销就是以发送普通手机短信的方式来达到营销目的的营销手段。

短信营销具有以下优势。

(1) 低成本：短信营销所需的发布费用非常低廉。

(2) 速度快：短信营销的传播不受时间和地域的限制，同时广告内容可以随时更改，保证最新信息在最短的时间内传递给消费者。

(3) 精确性：短信营销的特性就是直达接收者手机，"一对一"传递信息，强制性阅读，时效性强。

(4) 灵活性：短信营销发布时间极具灵活性，企业可以根据产品特点弹性选择广告投放时间。

8.3.2 移动广告

1. 移动广告的含义

移动广告是通过移动设备（手机、平板电脑等）访问移动应用或移动网页时显示的广告，广告形式包括图片、文字、超文本标记语言（HTML5）、链接、视频等。

随着移动互联网逐渐成为行业主流，用户注意力逐渐从 PC 端转移到手机、平板电脑等移动设备，移动广告作为"伴生物"，也追随行业巨头、在行业风口流转。移动广告的规模在高速增长，移动广告已成为广告市场的绝对主流。根据艾瑞咨询的数据，从 2013 年到 2019 年，移动广告占网络广告的比重从 12.1%一路暴涨至 82.0%，已成为网络广告的核心。2019 年中国移动广告市场规模超 4000 亿元。

2. 移动广告的特点

(1) 移动性。移动性是移动广告的最大特点。因为其主要载体——智能手机、iPad 等是个人随身物品，携带性比其他任何一种传统媒体都要强，所以一旦有广告出现，对用户的影响将是全天候的，广告信息的到达也是最及时、最有效的。

(2) 精准性。相对于传统广告媒体，移动广告在精准性方面有着先天的优势。它突破了传统的报纸广告、电视广告、PC 互联网广告等单纯依靠覆盖范围实现传播目的的局限，在受众人数上有了很大超越。移动广告可以根据用户实际情况，实时推送、有针对性地推送，真正实现了"精准传播"。

(3) 互动性。移动广告大部分依赖于公众号、自媒体及移动 App 等社交平台，而这些平台都极具互动性，从而对广告的传播起到较强的促进作用。广告主能更及时地了解用户的需求，用户也可以与广告主进行实时互动，实时反馈。

(4) 扩散性。移动广告的扩散性，即可再传播性，比传统广告要强。因为移动广告可通过用户进行最大限度的口碑传播,只要用户认为有价值,甚至是出于好奇心,都会不自觉地进行传播,如通过微信、短信、微博等方式转发给亲朋好友,直接向关系人群扩散信息或传播广告等。

(5)易测性。易测性是指移动广告客户端的数据监测更简单、易操作,这对于移动广告效果的评估和追踪非常重要。长久以来,广告的数据测量问题一直是个大难题,而在移动端,广告测量取得了重大突破,因为移动端后台可以很轻松地显示出大量数据,并进行初步分析。另外,平台方、广告机构也会提供很多数据报告,为广告的监测提供了必不可少的依据。

3. 移动广告的形式

移动广告按其展现形式可以分成不同的类别,如开屏广告、横幅广告、插屏广告、公告、信息流广告、贴片广告、竞价广告及私信通知广告等。不同形式的移动广告,其效果及优缺点也各有不同。

开屏广告也被称为启动页广告,是在应用开启时加载,一般会全屏展现 3～5 s,展示完毕后自动关闭并进入应用主页面的一种广告形式。开屏广告的广告可见性高、广告效果好,是品牌广告主的首选。

横幅广告是网络广告最早采用的形式,也一直延用至移动端,以文字、图片等富媒体形式,在 App 首页、发现页、专题详情页等页面的顶部(含下拉刷新)、底部或中部呈现。

插屏广告是触发式广告,在用户做出相应的操作(如开启、暂停、过关、跳转、退出)后,弹出的以图片、动图、视频等为表现形式的半屏或全屏广告。

公告常出现在电商类 App 上,通过消息广播的形式给用户传递相关信息。公告具有直观简洁、不占用内容页的优势,但不能直接诱导用户点击,一般只能起到提示的作用。

信息流广告是位于社交媒体、资讯媒体和视听媒体内容流中的广告,它出现的形式有图片、图文、视频等。由于原生性、内容性较强,信息流广告能够最大限度地保护用户体验,还能形成二次传播,广告效果优于大多数广告。

贴片广告即将广告内容贴入视频之中,可以分为视频贴片和创可贴两种形式。前者是将 5～60 s 不等的横版视频广告,添加至视频播放前、视频播放中或视频播放后这三个位置;后者将图片/动图等元素放在正在播放的视频中。

竞价广告是一种由广告主自主投放、自主管理,通过调整价格进行排名,按照广告效果付费的新型网络广告形式。

私信通知广告是以私信的形式将商品信息发送给用户,用户可以通过查看私信了解商品详情的一种广告形式。

8.3.3 微博营销与微信营销

1. 微博营销

微博营销是在微博诞生后产生的一种网络营销模式。它将微博作为营销的平台,每一个粉丝或者听众都是潜在的营销对象,企业利用自己旗下的微博对网友进行企业信息、产品信息等的宣传,树立企业和产品的良好形象。企业通过微博每天在网络上与网友进行互动、交流或者发布大众感兴趣的话题来达到宣传企业的目的。

对于微博营销而言,它最显著的特征就是传播迅速。一条热度高的微博在各种互联网平台上发出后,通过粉丝进行病毒式传播,同时名人效应能使事件传播呈几何级放大,短时间内转发就可以抵达微博世界的每一个角落。并且由于微博无须严格的审批,从而节约了大量的时间和成本。这就是微博营销模式的特点:便捷性、高速性、广泛性和高效率等。

目前微博营销主要通过新浪微博等微博平台进行营销宣传。

2. 微信营销

微信营销是伴随着微信的火热产生的一种网络营销方式,是网络经济时代企业对营销模式的创新。微信不存在距离的限制,用户注册微信后,可与周围同样注册的"朋友"形成一种联系,用户订阅自己所需的信息,商家通过提供用户需要的信息推广自己的产品。

由于微信拥有庞大的用户群,借助移动终端、天然的社交和位置定位等优势,每个信息都是可以推送的,能够让每个个体都有机会接收到这个信息,继而帮助商家实现点对点精准化营销。微信点对点的产品形态注定了其能够通过互动的形式将普通关系发展成强关系,从而产生更大的价值。通过互动的形式与用户建立联系,互动就是聊天,可以解答疑惑,可以讲故事甚至可以"卖萌",用一切形式让企业与消费者形成朋友的关系。这就是微信营销的特别优势:精准营销和关系营销。

▶ 8.3.4 短视频营销与网络直播营销

1. 短视频营销

短视频营销,就是将品牌或者产品融入视频中,通过剧情和段子的形式将其演绎出来,类似于广告,但又不是广告,关键在于用户在看的过程中,能不知不觉地产生共鸣并主动下单和传播分享,从而达到裂变引流的目的。

短视频营销的核心价值体现在流量基数庞大、营销方式多元、投放精准度高。

短视频流量优势体现在高用户基数+黏性,切分大量用户注意力资源。截至2021年12月,我国网络视频(含短视频)用户规模达9.75亿,占网民整体的94.5%;其中,短视频用户规模达9.34亿,占网民整体的90.5%。

短视频营销优势体现在营销方式多元,内容形式更具吸引力,品牌引爆能力强劲。短视频营销产品包括广告类、内容类和服务类三种类型,形式趋于丰富。内容形式接近原生内容,更具吸引力,信息传递效率更高。同时短视频能够为品牌提供多元化的营销形式,一方面通过短平快的短视频内容并结合"魔性旋律""视觉冲击""精彩创意""搞笑情节"等元素对用户形成较强的吸引力,另一方面基于丰富的平台营销玩法、成熟的内容分发算法和关键意见领袖(KOL)及普通用户的自发二次创作和扩散,在短视频平台形成病毒式的裂变传播,从而实现引爆品牌热度的效果。

短视频投放优势体现在标签和算法实现"千人千面"精准匹配受众,提升广告转化率。例如,抖音信息流广告系统拥有220万个人群标签,DMP云图人群包支持达人粉丝定向投放、高活跃度用户筛选等九大精准定向。

2.网络直播营销

网络直播营销,也就是通常所说的直播带货,是指通过互联网站、应用程序、小程序等,以视频直播、音频直播、图文直播或多种直播相结合等形式开展营销的商业活动。

网络直播营销具有以下特点:

(1)营销反馈性更强。传统营销中,消费者是"沉默者",他们只能"用脚投票"。而在网络直播营销中,消费者是"参与者",消费者的声音可以及时、精确地传达到营销者的耳中。

(2)营销手段更灵活多样。人都是感性的,很容易受到环境的影响。网络直播营销的主要功夫都在"营"上。营造了好的氛围,将消费者拉进来,"销"就是自然而然的事情了。

(3)营销在市场竞争中生命力更强。网络直播营销兼具灵活性、低廉性、娱乐性、互动性、社交性,仅一部手机就可能塑造出一个超级直播网红,创造一个网络带货神话,这就是直播电商的竞争优势所在。

(4)营销集聚能力更突出。网络直播最大的优势就是可以快速聚粉、沉淀和互动,然后进行二次营销。粉丝不但是直播的观看者,而且是直播的传播者,因此,要发挥粉丝的价值,使营销的集聚能力更好地发挥出来。

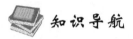
知识导航

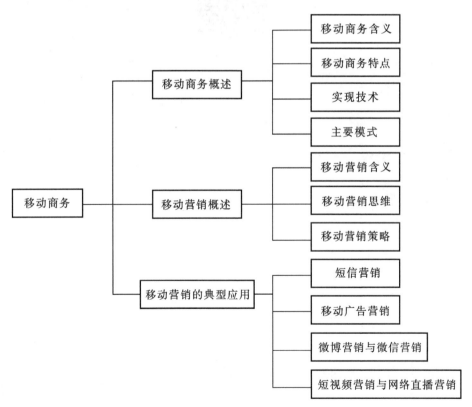

思考与练习

1. 什么是移动商务？
2. 移动商务的特点是什么？
3. 移动商务的实现技术包括哪些？
4. 什么是移动营销？移动营销策略有哪些？
5. 移动广告有哪些主要形式？其特点是什么？
6. 企业如何利用微博和微信进行营销？

实训任务

请同学们以小组为单位，选取某个企业，对该企业如何运用移动营销思维和策略开展移动营销进行细致的分析，形成报告。

即测即评

第9章 电子商务法律法规

学习目标

1. 熟悉电子商务中涉及的法律问题;
2. 掌握电子商务法律的概念;
3. 理解电子商务中的法律保护内容;
4. 了解国内外电子商务立法状况。

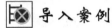

北京大学电子商务法研究中心发布《电子商务法》三周年影响力报告及十大电商案例

2021年9月,由北京大学电子商务法研究中心、人民网舆情数据中心共同主办的"《电子商务法》颁布三周年暨电子商务营商环境建设与平台企业合规经营研讨会"在北京举行。会上,北京大学电子商务法研究中心发布了《〈电子商务法〉颁布三周年影响力报告及十大电商案例》。

十大案例从电子商务法颁布至2021年9月产生的判决中精选具有代表性和典型意义的案例,包括电商主体类型、服务协议与交易规则、平台治理与平台责任、平台知识产权保护、不正当竞争与数据权属争议、个人信息保护和新型电商规制七大类型。这些案例曾引发社会各界高度关注,法院相关分析、论证以及判决结果也具有较强的借鉴意义和导向作用。

案例一 小程序第一案——网络服务提供者的平台属性

"通知-删除"规则应建立在网络服务提供者具有控制侵权内容并可以精确删除的基础上。被告公司提供的是小程序架构与接入的基础性网络服务,小程序内容均存储于开发者服务器上,该服务具有无差别性、技术性和被动性等特点,其性质不属于提供信息存储空间或者搜索、链接服务,故小程序服务提供者应不适用"通知-删除"规则。

案例二 "超前点播"第一案——平台经营者不得单方面变更合同

平台经营者与用户间的服务协议和交易规则,在没有无效事由的情况下,自可有效约束二者,平台经营者不得单方面更改相关条款;即便平台在协议中设定了单方变更权,但仍受到合同法中公平原则、格式条款以及电子商务法中协议修改等规范的制约,平台经营者依然不得通过单方面更改协议而不公平地、实质性地侵犯用户权利。

案例三　首例消费者因检索服务状告电商平台违约案——电子商务平台算法歧视的司法审查思路

本案确定了在审查电商平台检索服务的算法时应充分考虑电商平台的功能定位、人工智能的发展阶段等因素,并得出电商平台在精确匹配程度上应低于搜索引擎的标准。同时肯定了电商平台在提供检索服务时有一定的经营自主权。在个案审理中,既要考虑到消费者对平台推荐结果的依赖性进而严格审查检索算法的合理性,也要充分尊重电商平台的自主经营权。

案例四　滥用七天无理由规则退换货案——平台对滥用权利的用户停止服务的格式条款有效

"七天无理由退货制度"赋予了消费者退货权,但不代表其可以滥用该权利。消费者违反诚实信用原则的退货行为,构成权利滥用,平台有权利在不违反法律法规的前提下,根据平台规则对滥用权利的用户做出管理性措施。

案例五　"极限第一人"坠亡案——直播平台的安全保障义务

目前能否将有形物理空间的安全保障义务扩张到无形网络空间,适用网络侵权责任的内容来确定网络服务提供者的安全保障义务,尚存争议。但是网络空间不是法外之地,应当进行必要的规制。在适用《中华人民共和国侵权责任法》第六条第一款规定的过错责任原则能够归责的情况下,不必扩大解释《中华人民共和国侵权责任法》第三十七条第一款的适用范围。

案例六　同业竞争者恶意投诉案——知识产权恶意投诉的认定

本案系因通知错误造成平台内经营者损害引发的纠纷。本案从投诉行为主体、权利凭证、收到原告律师函后拒不撤回投诉等行为综合判定被告通知错误,且主观上具有过错。财产损失方面,本案考虑了网络店铺因平台处罚产生的访问流量流失、用户黏性减弱、搜索降级等无形资产损失,以及为恢复原状产生的支出等因素。此外,也需要考虑到因网店经营期间能否产生利润,受到交易价格、交易对象等众多因素影响,利润损失并不具有确定性和可预见性。

案例七　首例涉平台数据权益认定不正当竞争案——平台经营者对数据资源整体享有相应权益

数据资源整体系平台经营者投入了大量人力、物力,经过长期经营积累聚集而成,该数据资源能够为平台经营者带来商业利益与竞争优势,平台经营者对于平台数据资源整体应当享有数据权益,破坏性使用该数据资源的行为构成不正当竞争。

案例八　"共享账号"不正当竞争纠纷案——平台账号分时段出租构成不正当竞争

本案是司法实践对日趋普遍的"共享账号"行为的第一次回应。该案对以"合法使用"为名出租会员账号的行为给予了否定性评价,认为被告通过"流化技术"分时出租会员账号的行为是在侵害视频网站会员收入与用户流量的基础上为自身牟利,不具有正当性,属于不正当竞争行为。

案例九　法学博士诉某短视频平台案——平台经营者应合理收集、使用个人信息

该案显示了互联网时代下,自然人的隐私权和个人信息权益保护与平台对大数据的利用之间的紧张关系。随着互联网行业的发展和技术的进步,网络场景不同,使用的技术和

第 9 章 电子商务法律法规

产品运行逻辑不同,行为的性质就可能不同,需要根据具体场景进行谨慎分析和判断。本案法院的裁判思路强调审慎、实质地判断是否构成侵犯个人信息权益,在保护个人信息权益的前提下肯定了大数据利用的合规性,强调保护缺乏个人信息控制力的信息主体的同时也反映了信息使用方从保护信息主体权利的角度合法合规地设计产品模式、开发技术应用的必要性。

案例十　GUCCI 腰带真假案——跨境电子商务零售进口商品合法性的认定

本案中,法院根据跨境电商平台提供的海外购买流程和相关凭据、进口货物报关单、知识产权备案信息等证明案涉商品具有合法来源的证据,认定案涉商品来源合法,肯定了跨境电子商务零售进口商品的合法性。该案对规范跨境电商行为具有重要意义,也提示电子商务经营者应按照《中华人民共和国电子商务法》第二十六条,遵守进出口监督管理的法律法规,确保产品的合法性和可追溯性。

资料来源:北京大学电子商务法研究中心发布《电子商务法》三周年影响力报告及十大电商案例[EB/OL].(2021-09-03)[2022-05-10]. http://m.people.cn/n4/0/2021/0903/c125-15178196_3.html.

9.1　电子商务涉及的法律问题

电子商务是依托电子信息和网络技术而兴起的新型贸易方式。它通过贸易活动各环节的电子化,达到网上商品流动、货币流动和信息流动的高度统一。电子商务在方便交易当事人的同时,也使商务关系复杂化了,这使原有的传统法律法规已经不能适应电子商务的行为。要保证电子商务能够安全迅捷地运行,迫切需要制定与电子商务特征相适应的法律法规体系来规范电子商务活动,或者说需要建立一个与电子商务发展相适应的法律环境。就电子商务法律环境建设而言,需要在网上交易安全、知识产权保护等方面提供法律保障。

▶ 9.1.1　电子商务信用问题

电子商务交易首先是一种商品交易,虽然其交易的形式产生了变化,但是电子商务的目的仍然是商业活动的有效完成,而贸易活动的进行则必须遵循市场规范。市场经济是法治经济,也是信用经济,在交易主体无须面对面洽谈的电子商务交易中,信用保证显得尤为重要。

目前,我国调整市场交易行为的法律规范,如《中华人民共和国民法典》《中华人民共和国消费者权益保护法》都是以诚实信用为首要原则的。讲诚实、守信用是市场行为所必须遵循的基本准则。

1. 信用制度在电子商务中的基础作用

信用,指诚实、不欺诈、遵守诺言。市场经济讲究公平竞争公平交易,本来就应该是信用经济,也只有这样市场经济体制才可能走向成熟,市场交易行为才能够走向规范。

市场信用如果出现了危机,市场将会变得尔虞我诈,险象环生。信用危机最典型的表现就是商业信用危机。在商业活动中假冒伪劣商品的泛滥,虚假广告的层出不穷,不守信用和不遵守合同的事情经常发生,不仅破坏市场秩序和社会秩序,而且损害社会公正、损害群众利益。

企业信用同样也会出现危机。很多企业存在着虚报造假的现象。企业信用的危机将会严重影响到社会公众对经济发展的信心，进而影响到社会公众对社会发展的信心。

电子商务这种利用互联网进行交易的特殊形式本身就决定了信用制度是其生存和发展的根本基础。市场信用的危机、企业信用的危机都会严重影响到电子商务的生存与发展。但是，目前我国电子商务水平仍处在初级阶段，虽然影响电子商务发展的原因是多方面的，但信用制度不健全、缺乏信用保证是其中重要原因之一。由此可见，信用制度在电子商务的发展中起着非常重要的作用，是保证电子商务发展的基础。

2．电子商务的特点决定了信用制度的必要性

传统的贸易形式以交易主体面对面的洽谈为主，双方经过反复的面对面的磋商，最终达成协议。同传统的贸易形式相比，电子商务通过互联网以快捷的手段完成交易，避免了人员往来所占用的时间，达到了高效的目的。这种无须贸易主体见面的形式，与传统贸易形式相比，更需要有完备的信用制度做保证。建立与国际信用环境相适应的信用制度与社会信用体系正是我国完善市场法律环境的现实问题，也是大力发展网络经济亟待解决的问题。构建电子商务的良好市场环境应从信用开始，信用制度是发展电子商务的必要保证。

3．电子商务的发展需要信用监督的保证

互联网在为电子商务提供方便快捷的交易手段的同时，也同样为电子商务的信用监督提供有效的途径。互联网的普及为企业合法经营身份的确认和身份管理提供了一个可以实行的解决方案。市场监督管理部门可以通过互联网以电子政务方式，利用互联网流行的身份确定技术，为企业之间的合法经营身份的查询提供有效的认定服务；而各有关行政管理机构可以用资源共享的方式建立一个统一的数据库，为企业之间展开信用调查提供有效的服务；更进一步可以通过电子认证、电子签名等技术对企业的信用调查提供服务管理。例如，中关村企业信用促进会自2003年成立以来，在管委会指导下，承担了中关村信用体系建设的重要任务。中关村企业信用促进会全面整合企业信用、中介服务和科技金融、互联网金融资源，积极尝试基于互联网模式的大数据企业信用动态评价和信用信息服务系统，实现企业信用评价（审核）的标准化，为金融机构提供企业信用信息查询、融资产品对接等服务。

➢ 9.1.2 电子商务合同问题

合同是平等主体的公民、法人、其他组织之间设立、变更、终止民事权利、义务的协议。电子合同是通过电子计算机网络系统订立的，以数据电文的方式来生成、储存或传递贸易信息的一种现代贸易方式。在电子商务中，合同的意义和作用没有发生改变，但与传统合同有所不同的是：①电子合同双方当事人可能自始至终都不见面，所有的当事人都在虚拟市场上运作，当事人的信用依靠密码的辨认或认证机构的认证；②在传统合同里表示合同生效的签字盖章在电子合同中被数字签名所代替；③传统合同的生效地点一般为合同的成立地点，而电子合同的生效地点是以收件人的主营业地或住所地为合同成立地点。以数据电文方式订立的电子合同是对传统合同法律的一种挑战。这种挑战对合同订立的要约与承诺、合同的书面形式要求，以及签字生效、纠纷举证等方面都提出了新的问题。

《中华人民共和国民法典》明确将数据电文作为合同书面形式的一种,从而规定了电子合同与传统书面合同具有同等效力,并对电子合同成立的时间、地点以及数据传输的要约与承诺的送达都做了科学的技术规定,以法律的形式确立和规范了电子商务行为。《中华人民共和国民法典》第四百九十二条规定:"承诺生效的地点为合同成立的地点。采用数据电文形式订立合同的,收件人的主营业地为合同成立的地点;没有主营业地的,其住所地为合同成立的地点。当事人另有约定的,按照其约定。"《中华人民共和国民法典》第五百一十二条规定:"通过互联网等信息网络订立的电子合同的标的为交付商品并采用快递物流方式交付的,收货人的签收时间为交付时间。电子合同的标的为提供服务的,生成的电子凭证或者实物凭证中载明的时间为提供服务时间;前述凭证没有载明时间或者载明时间与实际提供服务时间不一致的,以实际提供服务的时间为准。电子合同的标的物为采用在线传输方式交付的,合同标的物进入对方当事人指定的特定系统且能够检索识别的时间为交付时间。电子合同当事人对交付商品或者提供服务的方式、时间另有约定的,按照其约定。"

▶ 9.1.3 电子商务支付问题

电子商务的快速增长,极大地推动了电子支付的快速增长。中国人民银行发布的《电子支付指引(第一号)》对电子支付的定义是:"电子支付是指单位、个人(以下简称客户)直接或授权他人通过电子终端发出支付指令,实现货币支付与资金转移的行为。"该指引对银行电子支付业务的申请、电子支付指令的发起和接收、安全控制、差错处理进行了规范。

电子支付的恶意盗取信息以及网络侵权行为时有发生,电子支付中的安全隐患成为用户普遍关心的问题。保障交易双方的信息安全、资金安全等成为关注的焦点。为了提高支付环境的安全性,除了加强网络安全技术的研发、提高用户的安全意识,还应致力于采用法律防范对策。

电子支付中的权益保护具有一定的特殊性。商家的信息不可靠、售后服务差等问题时有发生。对用户权益的保护应该从法律的角度给予高度重视。

▶ 9.1.4 网上税收问题

税收是实现国家职能的物质基础,是国家财政收入的主要来源。电子商务的发展给税收征管带来了新的机遇,也提出了新的挑战。一方面,自互联网商业化以来,网上贸易得到了空前的发展,虚拟商场、网上结算都呈快速增长的趋势。另一方面,由于电子商务以全新的交易形式代替了传统的贸易方式,传统商业流通形式、劳务提供方式、财务管理方式等都因此发生了重大的变化,还有,由于电子商务代替传统的贸易方式,纳税环节、纳税地点、纳税方式、国际税收管辖权等都遇到了新的问题。以传统的税收理论和税收原则建立起来的税收制度如何适应电子商务,是税收管理面临的电子商务时代的挑战。

首先,纳税义务的确定出现了困难。在电子商务中,许多交易对象被数字化。例如,软件、书籍、图像、音乐等都可以用数字化信息的形式传送,在其被转化为文字、图像以前很难对数字化信息的内容加以确定。

其次，纳税人的身份难以确定。互联网网址或网名与所有者身份并无必要联系，因此，网址与网名并不能提供所有者的身份和所在地。

再次，计算机加密技术加大了税务机构获取信息的难度。电子商务交易中，交易人可以用加密技术和用户双重保护来隐藏有关信息。税务机构对互联网进行监控，面临着一个在合理成本的范围获取信息，同时还面临着与保护私人隐私、保护知识产权两者之间如何协调的问题。

最后，由于电子商务具有全球化的国际性特点，信息和价值的跨国流动借助于互联网可在瞬间完成。电子商务替代传统的贸易方式，使得传统的建立在属地和属人原则基础上的国际税收管辖权制度面临前所未有的问题。电子商务具有的跨时空特点，使国际避税问题在电子商务中表现得更为突出。

9.2 电子商务中的法律保护

电子商务通常是买卖双方在虚拟市场上通过订立电子合同来达成的，在电子商务的具体交易中，完成交易的各方都通过无纸化的电子票据来进行支付和结算，而信息是通过网络进行传输的。在这样的开放环境里，如不及时制定有关的法律法规，电子商务的交易安全就无法得到保障。

电子商务法律是指调整以电子交易和电子服务为核心的电子商务活动所发生的各种社会关系的法律规范的统称。电子商务法律主体是指参与电子商务活动并在电子商务活动中享有权利和承担义务的个人和组织，具体涉及交易双方、网络支持机构、网络公司、电子商务认证机构、结算机构、货物配送机构。

电子商务的飞速发展，带来了诸如网络著作权、网络隐私权、网络信息发布和保密等许多新的法律问题，过去的法律法规无法完全适应全球化的网络环境。目前，各国政府正在加大法律调整的力度，纷纷出台各种法律法规。联合国国际贸易法委员会1996年12月通过了《电子商务示范法》，为各国电子商务立法提供了一个范本。电子商务涉及的法律法规问题非常广泛，如民法、税法、知识产权法、银行法、票据法、海关法、广告法、消费者权益保护法、刑法等都成为制约电子商务健康发展的关键问题，可以说，电子商务法律体系建立和完善的过程，将会是法律体系全面深刻变革的过程。

▶ 9.2.1 隐私权保护

随着电子商务的应用和普及，有些商家在利益驱使下、在网络应用者不知情或不情愿的情况下采取各种技术手段取得和利用其信息，侵犯了上网者的隐私权。网络隐私数据如何得到安全保障，这是任一国家发展电子商务都会遇到的问题。对网络隐私权的有效保护，成为电子商务顺利发展的重要市场环境条件。

隐私权是人的基本权利之一，它是伴随着人们对自身的尊严、权利、价值的产生而出现的。人们要求在社会生活中，在人际关系中，尊重、保护隐私权。隐私权包括个人和生活不被干扰权利与个人资料的支配控制权,具体到网络与电子商务中的隐私权保护涉及对个人数据(包括企业的商业秘密)的收集、传递、存储和加工利用等各个环节保护隐私权利的问题。其从权利形态来分,有隐私不被窥视的权利、不被侵入的权利、不被干扰的权利、不被非法收集利用的权利,从权利的内容分,有个人特质的隐私权(姓名、身份、肖像、声音等)、个人资料的隐私权、个人行为的隐私权、通信内容的隐私权和匿名的隐私权等。其中,隐私不被窥视和侵入的权利主要体现在用户的个人信箱、网上账户、信用记录的安全保密性上;隐私不被干扰的权利主要体现在用户使用信箱、交流信息及从事交易活动的安全保密性上;不被非法收集利用的权利主要体现在用户的个人特质、个人资料等不得在非经许可的状态下被利用。

传统时代对隐私权的保护已经进行了完整的法律设计,但隐私权过于明确的界限、单一的属性和被动的权利特性在大数据运用的背景下,遭到了时代变革的严峻冲击。在以互联网、大数据为代表的信息时代中,个人信息、个人数据不再是单一的人身属性,也蕴含了一定财产属性。如"大数据杀熟",通过大数据自动收集消费者信息,运营商通过服务平台对熟客的消费信息进行筛选、预测,强势地通过掌握全方位的信息抽取信息流失而不自知的身处弱势地位的消费者,依据消费者消费能力的大小、消费爱好的划分,演算消费空间、推导输出价格,从而将同类消费者圈定在同一框架内,在其相中的购物单品中不断提高价格区间,从而获取高额利润。

2021年8月20日,第十三届全国人民代表大会常务委员会第三十次会议通过了《中华人民共和国个人信息保护法》。该法全方位构筑大数据时代个人信息保护的"安全网",从隐私权保护到个人信息权、个人数据权保护。该法的实施,标志着我国对个人信息权益的保护实现了具有里程碑意义的跨越。

▶ 9.2.2 知识产权保护

电子商务将传统的商务活动的手段、途径引入虚拟世界,依靠互联网实现商品的网上交易,开拓了一个高效率、低成本的全新市场。但是,在这个虚拟的电子商务世界中,传统的知识产权制度受到由电子商务活动而引发的法律问题的挑战和冲击。如域名与商标的冲突、域名的抢注、网上著作及其邻接权等,都面临着的法律保护问题。

知识产权主要包括专利权、商标权和著作权。知识产权是一种无形财产,具有专有性、排他性、地域性的特点。知识产权的这些特点使其在互联网中遇到了传统知识产权制度所没有遇到的新问题。

首先,知识产权具有专有性的特点,而在互联网上本应受到知识产权保护的信息则是公开、公知、公用的,所有权人很难加以控制。

其次,知识产权的地域性特点同以互联网为基础的电子商务的国际化特点产生了矛盾,因为在互联网上信息的传输是无国界的。

最后,知识产权的侵权问题在传统法律程序中,绝大多数纠纷的诉讼是以被告所在地或侵权行为发生地为诉讼地。但在互联网上的侵权人,由于互联网的国际化特点往往难以确定其在哪里。例如,在互联网上,侵权复制品只要一上网,世界上任何地点都可能成为侵权行为发生地。

随着互联网的进一步发展,以互联网为基础的电子商务将在世界经济活动中占据越来越重要的地位,随着全球经济一体化的进程,电子商务中的知识产权保护将日益成为世界各国必须积极面对的问题。

著作权,即版权,指文学、艺术、科学作品所享有的专有权利。著作权属于知识产权,具有知识产权的专有性、地域性、时间性的特点。《中华人民共和国著作权法》明确规定,作品是指文学、艺术和科学领域内具有独创性并能以一定形式表现的智力成果,包括:①文字作品;②口述作品;③音乐、戏剧、曲艺、舞蹈、杂技艺术作品;④美术、建筑作品;⑤摄影作品;⑥视听作品;⑦工程设计图、产品设计图、地图、示意图等图形作品和模型作品;⑧计算机软件;⑨符合作品特征的其他智力成果。

著作权的内容包括著作人身权和著作财产权。著作人身权包括发表权、署名权、修改权和保护作品完整权,著作财产权包括复制权、发行权、出租权、展览权、表演权、放映权、广播权、信息网络传播权、摄制权、改编权、翻译权和汇编权等。

《中华人民共和国著作权法》第五十二条规定:"有下列侵权行为的,应当根据情况,承担停止侵害、消除影响、赔礼道歉、赔偿损失等民事责任:(一)未经著作权人许可,发表其作品的;(二)未经合作作者许可,将与他人合作创作的作品当作自己单独创作的作品发表的;(三)没有参加创作,为谋取个人名利,在他人作品上署名的;(四)歪曲、篡改他人作品的;(五)剽窃他人作品的;(六)未经著作权人许可,以展览、摄制视听作品的方法使用作品,或者以改编、翻译、注释等方式使用作品的,本法另有规定的除外;(七)使用他人作品,应当支付报酬而未支付的;(八)未经视听作品、计算机软件、录音录像制品的著作权人、表演者或者录音录像制作者许可,出租其作品或者录音录像制品的原件或者复制件的,本法另有规定的除外;(九)未经出版者许可,使用其出版的图书、期刊的版式设计的;(十)未经表演者许可,从现场直播或者公开传送其现场表演,或者录制其表演的;(十一)其他侵犯著作权以及与著作权有关的权利的行为。"

《中华人民共和国著作权法》第五十三条规定:"有下列侵权行为的,应当根据情况,承担本法第五十二条规定的民事责任;侵权行为同时损害公共利益的,由主管著作权的部门责令停止侵权行为,予以警告,没收违法所得,没收、无害化销毁处理侵权复制品以及主要用于制作侵权复制品的材料、工具、设备等,违法经营额五万元以上的,可以并处违法经营额一倍以上五倍以下的罚款;没有违法经营额、违法经营额难以计算或者不足五万元的,可以并处二十五万元以下的罚款;构成犯罪的,依法追究刑事责任:(一)未经著作权人许可,复制、发行、表演、放映、广播、汇编、通过信息网络向公众传播其作品的,本法另有规定的除外;(二)出版他人享有专有出版权的图书的;(三)未经表演者许可,复制、发行录有其表演的录音录像制品,或者通过信息网络向公众传播其表演的,本法另有规定的除外;(四)未经录音录像制作者许可,复制、发行、通过信息网络向公众传播其制作的录音录像制品的,本法另有规定的除外;(五)未经许可,播放、复制或者通过信息网络向公众传播广播、电视的,本法另有规定的除外;(六)未经著作权人或者与著作权有关的权利人许可,故意避开或者破坏技术措施的,故意制造、进口或者向他人提供主要用于避开、破坏技术措施的装置或者部件的,或者故意为他人避开或者破坏技术措施提供技术服务的,法律、行政法规另有规定的除外;(七)未经著作权人或者与著作权有关的权利人许可,故意删除或者改变作品、版式设计、表演、录音录像制品或者广播、电视上的权利管理信息的,知道或者应当知道作品、版式设计、表演、录音录像制品或者广播、电视上的权利管理信息未经许可被删除或者改变,仍然向公众提供的,法律、行政法规另有规定的除外;(八)制作、出售假冒他人署名的作品的。"

《世界知识产权组织版权条约》和《世界知识产权组织表演和录音制品条约》是 1996 年 12 月 20 日由世界产权组织主持,由 120 多个国家代表参加的外交会议上缔结的,主要是为解决国际互联网络环境下应用数字技术而产生的版权保护新问题。2007 年我国正式加入该条约。

9.2.3 消费者权益保护

近年来,随着电子商务在我国快速升温,网上侵害消费者权益的现象也经常发生,消费者对于网上违规经营行为的投诉量急剧增加,成为消费者协会和市场监督管理部门受理的新热点。由于在线交易的特殊性,网上侵权行为类型复杂、隐蔽性强、监管难度大,给消费者权益保护工作带来了许多前所未有的新问题。

其中,隐私保护就是较为突出的一项,网上购物或信用卡支付,消费者个人资料及其相关资料将暴露给网站和商家,这些信息并没有像事先承诺那样加以保密,有的甚至被擅自扩散。部分网站发布虚假、夸大的广告信息,推销商品。有的网站利用网络经营的特殊技术,隐蔽从事非法传销等活动,使不少消费者受骗上当。随着网上交易的不断发展,这一领域侵害消费者权益的现象必然会大量涌现。

9.2.4 商标、域名的法律保护

1. 商标的法律保护

商标是企业形象的最重要的标识,而企业形象是关系到企业生存和发展的重要环节。商标最大的功能是可以创造品牌,即在消费者心里创造的无形资产。一个驰名商标,意味着该商品的知名度和市场占有率,体现了巨大的市场竞争力。《中华人民共和国商标法》第三条第一款明确规定:"经商标局核准注册的商标为注册商标,包括商品商标、服务商标和集体商标、证明商标;商标注册人享有商标专用权,受法律保护。"注册商标专用权受到法律保护,商标所有人可以行使自己的权利。商标所有人可以对注册商标进行变更、转让或续展。

2. 域名的法律保护

由于域名在互联网上是唯一的,所以大部分企业都采用自己的企业名称和商标定义域名,这样便于识别自己。这样域名实际上就与企业名称、产品商标或其他标识物有了类似的意义,因此,域名地址被称为网络商标。

工业和信息化部对全国的域名服务实施监督管理,主要职责如下:

(1)制定互联网域名管理规章及政策;

(2)制定中国互联网域名体系、域名资源发展规划;

(3)管理境内的域名根服务器运行机构和域名注册管理机构;

(4)负责域名体系的网络与信息安全管理;

(5)依法保护用户个人信息和合法权益；

(6)负责与域名有关的国际协调；

(7)管理境内的域名解析服务；

(8)管理其他与域名服务相关的活动。

2017年8月16日工业和信息化部第32次部务会议审议通过了《互联网域名管理办法》，自2017年11月1日起施行。

9.3 电子商务的立法概况

9.3.1 国外电子商务的立法概况

1. 联合国国际贸易法委员会的《电子商务示范法》

(1)《电子商务示范法》的产生。联合国从20世纪80年代开始研究和探讨有关电子商务的法律问题,在1982年联合国国际贸易法委员会的第15届会议上,正式提出了计算机记录的法律价值问题。此后,在第17届会议上,又提出了计算机自动数据处理在国际贸易流通中所引起的法律问题,并将其优先列入工作计划。自此,联合国国际贸易法委员会对电子商务的立法工作开始了全面的研究,终于在1996年6月提出了《电子商务示范法》,并于1996年12月在联合国国际贸易法委员会第85次全体大会通过。《电子商务示范法》是世界上第一部关于电子商务的法律,这部法的诞生解决了世界上许多国家在电子商务法律上的空白或不完善,给各国电子商务立法提供了框架和示范文本,为解决电子商务的法律问题奠定了基础,促进了世界电子商务的发展。

(2)《电子商务示范法》的主要内容。《电子商务示范法》由两大部分组成:一是电子商务总则,二是电子商务的特定领域。总则部分是《电子商务示范法》的核心,共分为三章十五条。第一章"一般条款",内容包括适用范围、定义、解释、合同协议的改动等四个条款;第二章"对数据电文适用法律要求",内容包括对数据电文的法律承认、书面形式、签字、原件、数据电文的可接受性和证据力、数据电文的留存;第三章"数据电文的传递",内容包括合同的订立和有效性、当事人各方对数据电文的承认、数据电文的归属、确认收讫、发出和收到数据电文的时间和地点等共五个条款。第二部分是电子商务的特定领域,这一部分有一章两个条款,仅对涉及货物运输中使用的电子商务做出了规定。

2. 美国的电子商务立法

美国的电子商务发展在世界上处于领先的地位。美国政府在促进电子商务发展上制定了一系列积极的政策,其中著名的"信息高速公路"计划,为美国电子商务的发展奠定了关键性的基础。由于政府大力推广电子商务这种新的交易形式,电子商务成了美国国民经济新的增长点。在大力推广电子商务的同时,美国的电子商务法律的立法工作开展得十分迅速。为了促进和保障电子商务的全面发展,美国的许多州都制定电子商务法,1997年7月颁布的《全球电

第 9 章
电子商务法律法规

子商务纲要》更是美国电子商务发展的一个里程碑。《全球电子商务纲要》主要内容分为一般原则和问题处理建议两个部分。

(1) 一般原则。美国对未来在互联网上进行的商业交易,提出了五项基本原则。

①私营企业应起主导作用。互联网的快速发展,将依靠私营企业带动,政府应尽可能鼓励私营企业自行建立交易规则,政府采取少干预、少限制的原则。

②政府应当避免不恰当地限制阻碍电子商务的发展。在电子商务交易中,当双方自愿合法买卖产品和服务时,政府管理机构应当尽量减少干涉,尽力避免对网上发生的商业活动给予不必要的限制,以影响交易双方的交易活动,阻碍电子商务的发展。

③政府有必要参与时,其目的应是支持与加强一个可预测的、简明的和一致的电子商务实行环境。政府机构只在必要时介入电子商务的市场管理,但这种管理应当主要着眼于支持加强建立一个和谐的商业法制环境,保护消费者、保护知识产权、确保竞争以及制定解决纠纷的办法。

④政府必须认清互联网的特征。互联网是在无人主管、自由蔓延跨国界的条件中繁荣发展的,其规则与标准是自下而上发展的。许多传统法律法规无法适用,都需要加以调整,以促进互联网顺利运行机制的建立。

⑤电子商务法律法规的制定,应当有利于促进互联网上的电子商务。

(2) 问题处理建议。

①海关和税收。由于互联网的国际性特点,互联网应宣告为免税区,凡是网上进行的商品交易,如软件、咨询服务等,以电子方式提交的,如果课以关税是毫无意义的,也是难以做到的,因此应对此一律免税。此外美国还向世界贸易组织和其他国际组织建议,对电子商务适用现有的税制,而不开征新的税种,电子商务的税务应当遵循国际税务的基本原则,避免不一致的国家税务司法权和双重征税。

②电子支付系统。当今信息技术的飞速发展已使网上的电子支付变成了现实,许多交易已经开始通过网上进行支付,电子银行、电子钱包、智能卡都已经步入社会生活。但电子支付系统的开发还处于初级阶段,尚未定型。此时尚不宜于制定法规约束,以免妨碍其进步与发展。美国财政部已经与各国政府一起合作,研究全球电子支付的对应措施,共同制定电子支付政策。

③电子商务法规。联合国国际贸易法委员会为支持在电子商务中国际合同的商业作用,制定了一部法,确定了通过电子手段形式的合同规则和模式,规定了约束电子合同履行的标准,对电子文件、电子签名的有效性做出定义。美国政府支持所有国家采用规范法作为制定电子商务使用的国际统一商务法规,支持联合国国际贸易法委员会以及其他国际团体进一步努力制定出示范法律条款。

④保护知识产权。网上的电子商务经常涉及知识产权的授权产品,为促进电子商务的发展和促成一个有效的商务环境,销售者必须知道,他们的知识产权不会遭到侵权,购买者则必

须知道他们购买的商品是经过认证的产品,而不是仿冒产品。为达到这一目的,国际确立有效保护知识产权的国际协定,对于防止仿冒和欺诈行为是非常必要的,各国应尽快地立法以遏制产品的仿冒和知识产权被侵犯。

⑤保护个人隐私权。信息在网上发布与交流,有利于电子商务的发展,但是在信息的发布与交流中保证个人隐私权则是一个十分重要的问题。

个人隐私原则分为两个方面:告知和许可。收集数据者应当通知消费者,他们在收集什么信息以及他们打算如何使用这些数据。数据收集者应当向消费者提供限制使用和再利用个人信息的有效手段。

为保证世界各国迥然不同的隐私政策能够提供恰当的个人隐私保护而不妨碍互联网上的数据交流,美国政府应当采取双层个人隐私战略。美国将依据个人隐私原则所建立的框架会同其主要贸易伙伴一起讨论如何支持一项基于市场的个人隐私对策。

⑥信息安全。对互联网安全性的担心是电子商务发展的重要问题。人们对于网络安全的脆弱性十分担心,只有互联网能成为一种安全可靠的商业媒体,只有确保互联网可靠性的安全措施能到位,商家和消费者才能感到放心。

电子签名与认证制度是保障网上安全可靠的重要手段,密码学是计算机和安全的重要工具,美国政府通过制定相关政策促进开发和利用有效的加密产品,既可对存储数据加密,又可对电子通信加密。

美国政府以及各相关机构将同欧盟以及经济合作与发展组织一起,制定安全和加密的共同政策,为电子商务提供一个可预测的、安全的环境。

⑦电信基础建设与信息技术。美国政府倡导电信自由化,鼓励世界各国开放通信市场进行公平竞争,要求世界各国遵守已签订的各项国际协定,排除关税与非关税壁垒,并将继续通过各国际组织进行与电信有关的网络问题的研究讨论,谋求达成共识,获得世界各国的支持。

⑧信息内容。美国政府支持信息跨国自由流动,内容包括由互联网传送的新闻发布、信息服务、虚拟商场、娱乐节目等,对网上信息内容,美国政府认为不宜太多干涉。对认为有关暴力、煽动性言论、色情等内容,美国政府将同主要贸易伙伴探讨对其的限制,并就有关广告及防止欺诈的管制问题同世界各国展开对话。

⑨技术标准。技术标准对在互联网上进行电子商务极为重要,因为标准可以使不同厂商的产品和服务协调一致,既有利于网络联通,也可以促进公平竞争。但是如果过早制定标准,则有可能成为新技术发展的障碍,也可能被用来作为贸易的非关税壁垒。美国政府鼓励由企业界协商订立标准,政府不宜介入,技术标准由市场来决定。为保证互联网的全球电子商务的增长,需要在安全、电子版权管理制度、高速网络技术数据交换等领域制定技术标准。

1997 年,美国在《统一商法典》中增加了两章:电子合同法和计算机信息交易法。1999 年,美国颁布了《统一电子交易法》,允许在网上实现各种商业交易,包括使用电子签名和电子公证。2000年通过了《国际国内电子商务签名法》,赋予电子签名和一般书写签名同等的法律效力。1999年,针对愈演愈烈的网上域名抢注,美国国会通过《反域名抢注消费者保护法》。近年来,美国又出台了一系列的法律和文件,从而在整体上构成了电子商务的法律基础和框架。

3. 欧盟的电子商务立法

欧盟始终将规范电子商务全活动作为发展电子商务的一项重要工作,为此欧盟制定了一系列有关电子商务发展的规范与相关的法律制度。

1997年欧盟委员会提出《欧洲电子商务行动方案》,为欧洲的电子商务立法确定了立法宗旨和立法原则,明确指出了欧洲究竟能在多大程度上受益于电子商务,关键取决于是否具备满足企业和消费者需要的法律环境。《欧洲电子商务行动方案》将欧洲电子商务的立法确立为两个目标,一是建立起消费者和企业对电子商务的信任和信心,通过立法工作建立合法、安全和规范化的电子商务交易环境,把电子商务交易中的身份、信用程度的确认、数据信息的安全、个人隐私的保护、合同的履行、支付的可靠性以及签名和认证制度等列为立法重点。二是保证电子商务充分进入单一市场,即在欧盟成员国的范围内建立一个以欧洲统一市场的法律制度为基础的电子商务管理框架,以此保证电子商务的发展能最大限度地利用统一市场的良好环境和市场潜力,避免成员国各自为政,法出多国,保证范围内电子商务法律制度的统一性。

1998年颁布《关于信息社会服务的透明度机制的指令》,1999年通过了《关于建立有关电子签名共同法律框架的指令》,2000年通过了《电子商务指令》。这些行动方案和指令构成了欧盟国家电子商务立法的核心和基础,对开放电子商务市场、电子交易、电子商务服务提供者责任等关键问题提供了统一框架。

(1)互联网服务的法律制度。欧盟在《电子商务指令》中对欧盟范围内网络服务的法律制度做了以下几个方面的规定。

①目的与适用范围。该指令的目的是保证内部市场的良好运行,重点在于保障信息服务得以在成员国之间自由流通。该指令致力在如下一些领域使各成员国关于信息服务的国内立法趋于统一。这些领域包括:内部市场制度,服务供应商的设立,商业信息传播,电子合同,服务中间商的责任,行为准则,争议的诉讼解决,司法管辖和成员国间的合作。

②无须预先批准原则。各成员国须在其国内立法中规定,从事提供信息营业活动无须预先批准,亦不受其他任何来自有关决定、办法或认可的限制,但是服务供应商有义务向消费者和有关管理当局提供证明其身份的信息资料。

③商业信息传播。各成员国必须在其国内立法中规定商业信息传播应符合以下条件:商业信息传播应易于识别;从事商业传播的自然人或法人住所应易于识别;各种促销优惠措施,包括各种折扣奖励及赠与都应易于识别,且参与活动的条件和规则应易于达到并须详细无误地予以说明。

④电子合同。各成员国须调整其国内立法以使电子合同合法化,各成员国应特别保证其关于合同缔结的法律制度,不得妨碍电子合同的实际应用,也不得因合同是通过电子方式缔造

的这一事实而剥夺其生效权利和法律效力。

⑤服务中间商的责任。各成员国须在其国内立法中规定,在信息服务的提供限于通过通信网络传输服务获取者的信息或限于提供通信网络接入服务的情况下,提供此类服务的服务供应商在符合指令规定的情况下,对所传输的信息不承担责任;在信息服务的提供限于通过通信网络传输服务获取者的信息时,服务供应商在满足指令规定条件下,对其应其他服务获取者的要求,出于日后更有效地传输信息的唯一目的,而对所传输信息进行自动、临时性和过渡性的存储不承担责任;在信息服务的提供限于存储信息获取者提供的信息时,信息服务供应商在满足指令规定条件时,不对应信息服务获取者的要求而存储的信息承担责任。

⑥行业自律准则。各成员国和欧盟委员会鼓励行业协会成员团体或消费者组织制定适用于全欧盟范围的行业行为自律准则,以保证欧盟成员国立法的良好执行。

(2)电子签名的法律制度。欧盟议会和理事会共同制定和颁布了《关于建立有关电子签名共同法律框架的指令》为在欧盟范围内电子签名的法律制度协调一致的运转和发展提供了保障。该指令的立法目的有两个:其一是在欧盟范围内建立一个有利于电子签名推广运用的统一的法律环境;其二是建立一个完整的关于电子签名的法律认证体系,以便使电子签名法律效力得到法律上的承认。该指令的立法重点是规定电子签名的认证服务,制定了关于认证和认证服务的共同标准,以保证电子签名及认证得以在欧盟成员国范围内相互得到承认。

(3)消费者权益保护的法律制度。欧盟在其通过的《关于远程合同订立过程中对消费者保护的指令》为消费者网上交易的合法权益保护规定了多项措施,明确规定在远程合同订立前,货物或服务供应商有义务向消费者提供供应商身份,货物或服务性能特点、价格、送货费用,付款及送货方式,消费者撤销订购的权利,报价的有效期,合同的期限等情况,并通过书面或其他持有人载体向消费者确认,消费者至少可以在 7 个工作日内有权退货或撤销合同。

(4)著作权保护的法律制度。欧盟在《关于信息社会的著作权及著作邻接权指令建议草案》中,对欧盟成员国范围内统一协调著作权及邻接权保护的法律规范做出了相应的规定,以适应在电子商务条件下与知识产权有关的产品及服务的发展需要。该草案规定:作品的作者、表演者、音像节目和电影的制作者、广播电台、电视台对作品享有专属的复制权,著作权人所享有的对公众传播权并不随着传播或提供作品的行为完成而丧失。此外,它对于某些出于纯粹技术需要而进行的不存在任何经济意图的复制行为做了例外规定,以避免对网络发展造成限制和危害,既顾及了网络服务商和接入商的产业发展利益,又对著作权人的合法权益给予了法律上的保障。

4. 新加坡的电子商务立法

新加坡是世界上较早制定电子商务法律的国家。1998 年新加坡制定的《新加坡电子交易法》内容广泛,规范了在电子商务中出现的多方面问题。该法中的许多规定以《电子商务示范法》为基础,与国际标准保持一致,可以促使新加坡融入日益兴起的全球电子商务之中。《新加坡电子交易法》共分为：序言、通用电子记录和签名、网络服务提供商的责任、电子合同、电子记录与电子签名的安全性、数字签名的效力、数字签名的一般责任、认证机构的义务、签署者的责任、认证机构的有关规定、政府机构运用电子记录和电子签名以及一般情况的规定共12个部分，内容概括起来可包括如下几个方面。

(1)立法目的与法律解释。《新加坡电子交易法》的立法目的是促进电子交易，使电子商务中出现的新问题能够得到有效的解决。

(2)数据电文和电子签名的法律效力。《新加坡电子交易法》规定了数据电文和电子签名的法律效力。该法规定，不得仅仅以某项信息采用数据电文形式作为理由否定其法律效力、有效性与可执行性。该法还规定了证实电子签名的方法以及在满足一定安全保护要求的前提下，可以要求以数据电文方式复制保存某些文件、记录或信息；同时，该法也规定了对于数据电文和电子签名的承认，有适用的某些方面，如遗嘱、流通票据、所有权文据、不动产买卖合同等。

(3)网络服务提供商的责任。《新加坡电子交易法》规定，网络服务提供商根据任何法律规定都不会仅仅因为提供了通道，为第三者传输的数据电文资料承担民事责任或刑事责任，某些例外情况除外。因为在多数情况下，网络服务提供商无法控制通过其网络所传输的资料和内容。

(4)电子合同。《新加坡电子交易法》对电子合同所涉及的一些具体问题做出了规定。第一，明确规定合同订立的程序可以采用数据电文的形式。第二，对当事人在订立合同中使用的数据电文也承认其法律效力。第三，明确数据电文归属问题。第四，规定了数据电文信息的确认收讫的规则。第五，规定了确定数据电文发送和接收的时间及地点的规则。

(5)认证机构。《新加坡电子交易法》对保证认证机构的可靠性规定了一定的标准和管理规范。第一，规定了所有认证机构履行的义务。第二，规定了对外国认证机构的承认问题。第三，规定了持有执照经营的认证机构的责任问题。

(6)数据电文与电子签名在商务公务中的作用。《新加坡电子交易法》因承认政府部门和国家机构的电子存档、颁发的电子许可证、电子执照和电子批准书以及电子支付，以此来承担和促进政府对个人的电子商务活动，目的是鼓励无纸化公用事业的出现，提高公用事业的效率。

(7)计算机数据的保密与使用。为了保护计算机数据的秘密，《新加坡电子交易法》对于那些有可能接近数据电文的人员规定了保密义务，禁止他们出于罪行检控和遵守法庭要求以外的其他目的泄露信息，但管理人员为查明是否有违反该法律行为出现时，有权检查任何计算机及数据。

5. 韩国的电子商务立法

《韩国电子商务基本法》于1999年7月正式生效，从关于电子信息和数字签名的一般规定、电子信息、电子商务安全、促进电子商务的发展、消费者保护及其他等各方面，对电子商务做出了基础性规范。《韩国电子商务基本法》总的特点与该法第一条所规定的目的是一致的，即旨在促进电子商务的发展。该法不仅对电子商务、电子通信信息、发送人、接收人、数字签名、电子商务认证机构等基本概念做出了定义，对通信信息的有效性和电子商务的安全问题也做出了规定，而且还对消费者的保护做了规定。该法兼容了欧洲国家与美国在电子商务立法方面的优点，既着重于技术问题的解决，又偏重于消费者保护，博采众长，值得称道。为具体实施《韩国电子商务基本法》，韩国还制定了《韩国电子签名法》。

➢ 9.3.2　我国电子商务的立法概况

近年来，在电子商务特别是在 C2C 领域，交易主体真实性、假冒伪劣商品、消费者权益保护、知识产权保护、个人信息安全等问题比较突出，规范市场、加强监管也迫切需要制定电子商务的基本法律，因此，我国政府相继出台了一系列相关的法律法规。这里主要介绍以下五部法律。

1. 《中华人民共和国电子签名法》

2004 年 8 月 28 日，《中华人民共和国电子签名法》经第十届全国人民代表大会常务委员会第十一次会议通过，被称为"中国首部真正意义上的信息化法律"，明确"可靠的电子签名与手写签名或者盖章具有同等的法律效力"，并明确电子认证的市场准入制度，为电子签名在电子商务、电子政务及其他领域中的应用提供了法律依据，极大地改善了我国电子签名应用环境。《中华人民共和国电子签名法》根据 2015 年 4 月 24 日第十二届全国人民代表大会常务委员会第十四次会议《关于修改〈中华人民共和国电力法〉等六部法律的决定》第一次修正，根据 2019 年 4 月 23 日第十三届全国人民代表大会常务委员会第十次会议《关于修改〈中华人民共和国建筑法〉等八部法律的决定》第二次修正。

2. 《中华人民共和国网络安全法》

《中华人民共和国网络安全法》由第十二届全国人民代表大会常务委员会第二十四次会议于 2016 年 11 月 7 日通过，自 2017 年 6 月 1 日起施行。《中华人民共和国网络安全法》的颁布实施，为保障网络安全、维护国家安全与利益、规范网络主体行为等提供了法律依据。

3. 《中华人民共和国电子商务法》

2018 年 8 月 31 日，《中华人民共和国电子商务法》由第十三届全国人民代表大会常务委员会第五次会议通过，自 2019 年 1 月 1 日起施行。电子商务法的出台是我国电子商务发展历程中的一个重要里程碑。电子商务法是我国电商领域的基本法，它广泛调整我国境内通过互联网等信息网络销售商品或提供服务的经营活动。电子商务法以对电子商务经营者尤其是电子商务平台经营者的规制为核心，并由其来联结政府、平台内经营者、消费者、物流经营者、生产经营者等各主体，共同建立了电子商务世界的规则体系。

2021 年 8 月 31 日，市场监管总局起草了《关于修改〈中华人民共和国电子商务法〉的决定（征求意见稿）》，向社会公开征求意见。

4. 《中华人民共和国数据安全法》

《中华人民共和国数据安全法》由第十三届全国人民代表大会常务委员会第二十九次会议

于 2021 年 6 月 10 日通过,自 2021 年 9 月 1 日起施行。这是中国政府依法保障数据安全的重要步骤,标志着中国在依法保障数据安全方面迈出了重要一步。

5.《中华人民共和国个人信息保护法》

2021 年 8 月 20 日,《中华人民共和国个人信息保护法》经第十三届全国人民代表大会常务委员会第三十次会议通过,自 2021 年 11 月 1 日起施行。个人信息保护法的颁行极大地加强了我国个人信息保护的法制保障,在个人信息保护方面形成了更加完备的制度、提供了更有力的法律保障;个人信息保护法以严密的制度、严格的标准、严厉的责任规范个人信息处理活动,规定了个人在个人信息处理活动中的权利,全方位落实各类组织、个人等个人信息处理者的义务与责任,有力地维护了网络空间良好生态,满足人民日益增长的美好生活需要;个人信息保护法科学地协调个人信息权益保护与个人信息合理利用的关系,建立了权责明确、保护有效、利用规范的个人信息处理规则,从而在保障个人信息权益的基础上,促进了包括个人信息在内的数据信息的自由安全的流动与合理有效的利用,推动了数字经济的健康发展。

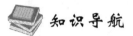知识导航

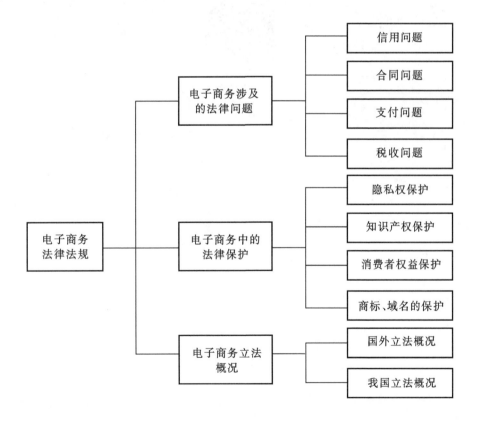

电子商务概论

 思考与练习

1. 电子商务带来哪些法律新问题?
2. 电子商务的出现使得传统税收体制面临怎样的挑战?
3. 电子商务带来了哪些知识产权保护问题?
4. 域名与商标有何不同?
5. 电子合同的特点是什么?
6. 网络环境中应如何保护著作权?

 实训任务

请同学们以小组为单位,说一说在网络中如何更好地保护自己的个人信息权利。

即测即评

参考文献

[1] 李博群. 我国电子商务发展现状及前景展望研究[J]. 调研世界, 2015(1):15-18.

[2] 穆杰. 浅析电子商务法的调整范围与特点[J]. 科技视界, 2013(36):126.

[3] 秦成德. 电子商务法[M]. 北京:中国铁道出版社, 2010.

[4] 王慧. 基于O2O模式下的中小企业移动商务发展策略研究[J]. 中国商贸, 2012(23):119-120.

[5] 柯林. 企业移动商务应用层次分析[J]. 电子商务, 2014(4):36-37.

[6] 李金先. 网络营销中的实战策略和技巧[J]. 价值工程, 2014(18):188-189.

[7] 昝辉. 网络营销实战密码:策略、技巧、案例[M]. 北京:电子工业出版社, 2013.

[8] 冯英健. 网络营销基础与实践[M]. 北京:清华大学出版社, 2013.

[9] 袁方. 电子商务安全技术分析与应用研究[J]. 科技信息, 2013(9):220-221.

[10] 曾子明. 电子商务安全[M]. 北京:科学出版社, 2013.

[11] 周虹. 电子支付与网络银行[M]. 北京:中国人民大学出版社, 2014.

[12] 宋文官. 电子商务概论[M]. 北京:清华大学出版社, 2012.

[13] 吴健. 电子商务物流管理[M]. 北京:清华大学出版社, 2013.

[14] 中国互联网络信息中心. 第49次中国互联网络发展状况统计报告[R/OL].(2022-02-05)[2022-04-11]. http://www.cnnic.net.cn/hlwfzyj/hlwxzbg/hlwtjbg/202202/P020220407403488048001.pdf.

[15] 国家计算机网络应急技术处理协调中心. 2020年中国互联网网络安全报告[M]. 北京:人民邮电出版社, 2021.

[16] 高晖. 网络营销[M]. 2版. 西安:西安交通大学出版社, 2020.

[17] 邓金梅. 移动营销[M]. 北京:人民邮电出版社, 2021.

[18] 刘海燕, 陆亚文. 移动营销[M]. 北京:人民邮电出版社, 2018.